成果から逆算する"評価中心"の研修設計

インストラクショナル デザイン

Evaluation
Centered
Instructional
Design

インストラクショナルデザイナー
荒木 恵 著

プレジデント社

はじめに

「組織のパフォーマンス改善において、研修は最後の手段です」

　この言葉に戸惑いを覚える経営者や人材開発の担当者は少なくないと思います。それは、人の行動を変えるために研修は不可欠だという考えが、長く定着しているからでしょう。

　しかし研修などの教育は、組織のパフォーマンス改善において、もっともリソースがかかる方法であり、する側もされる側も、業務時間を大きく奪われてしまう選択肢です。もちろん、費用もかかります。研修によって受講者が成長し、組織に貢献してくれれば良いですが、場合によっては、単に受け身の社員を増やしているに過ぎないかもしれません。

　これは企業経営や事業成長において、大きな問題です。

　せっかくコストをかけて教育を行うのであれば、受講者全員が習得できて、かつ効果の高いものにしたいという思いは、誰もが抱いているはず。その実現に近づくことができる方法論が、「インストラクショナルデザイン」（以下、ID）なのです。日本語では「研修設計学」となります。

　「なんとなく知っている」「聞いたことはある」という方もいるかもしれませんが、おそらく「初めて聞いた」という方のほうが多いのではないでしょうか。それほど日本ではまだ普及していない理論およびフレームワークであり、非常にもったいないと感じています。

　私たちリープ株式会社は、研修パッケージを提供する会社ではなく、人材育成の仕組みづくりを支援するコンサルティング会社です。独自に開発した「パフォーマンスの科学的な評価・分析」を用いるこ

とで、さまざまな企業における人材育成をサポートしています。

　その際に主に活用する理論がIDです。IDは本書のタイトルにもあるように「成果から逆算する"評価中心"」の考え方です。

　欧米では教育を行うとき、すでに当然のように用いられており、「人的資本経営」や組織の生産性が重要視されるようになった昨今の日本では、ようやく注目されつつあります。

　一方で、なぜ今、IDが必要とされているのか、どんな成果が得られるのか、実際にどう使えば良いのか……、といったことを正しく理解しているビジネスパーソンは多くないでしょう。そこで、事例を紹介しながら、IDをわかりやすく紐解くのが本書です。

　私はさまざまな企業と接する中で、経営戦略と教育戦略がしっかり連動できていないということを、常々残念に感じていました。これは経営における問題でもありますし、人材育成・開発を担う部門、あるいは事業部の課題でもあると思います。

　本来はまず組織として目指すビジネスゴールがあり、そこに向けて社員に求めている成果と行動があり、それが現状でどのくらいできているのかをきちんと評価して、分析する。その上で、必要に応じて教育を実施することが重要であり、研修は1つの手段に過ぎません。

　このブレークダウンができていないまま、ただ研修を行っても経営戦略と結びつかず、時間と費用だけをかけた無駄なものとなってしまいます。結果的に社員は学ぶ意欲を失い、何も身につかないばかりか、無意味な研修を行う組織に嫌気が差してしまう可能性もあるのです。

　だからこそ、より多くのビジネスパーソンに、IDの考え方を知っ

ていただきたいと考えています。

　IDの考え方は、近年関心が高まる「人的資本経営」や「戦略人事」とまさに同じ考え方です。すでに多くの企業で人的資本経営の実現に向けて、取り組みが始まりつつあると思われますが、実際に何から手をつけていいのか、具体的にどのように進めたら良いのかわからないと悩んでいるケースも少なくありません。

　そんな組織や経営者、ビジネスパーソンにとって、IDへの理解を深めることは大きな助けになるはずです。

　また本書は、人的資本経営を実現させたいと考えている経営者・マネジメント層や、人材育成・開発の担当者はもちろん、各事業部で部下の実務教育・育成に携わっている方々にも、ぜひ読んでいただきたいと考えています。

「人材育成への投資は、本当に効果が出ているのだろうか」
「どんな教育の仕組みをつくれば、いい人材が育つのかわからない」
「人に何かを教えるには、どうすれば良いだろうか」
「モチベーションが低い社員を、どのようにしてやる気にさせるのか」

　人材育成や教育に関する、このような悩みを抱え、行き詰まりを感じている方々には、本書を通じてIDを理解していただくことに、大きなヒントがあると思います。

　IDはビジネスゴールの達成に向けた実務スキルの育成を得意としているため、人材育成を生業とする研修担当者以外にも、現場のマネジャーやリーダーといった、人に"教える"役割を担っているビジネスパーソン全員にとって、参考になると考えています。

　加えて、IDとセットで理解を深めていただきたいのが、HPI

（Human Performance Improvement）という概念です。

　HPIとは、組織の経営課題を人材育成の視点から解決する手法で、IDの上位概念に相当します。Chapter 2は、このHPIとIDの関係性について紹介しています。HPIから理解をすることで、組織における教育の位置づけや目的が整理されるだけでなく、IDを取り入れた教育においても、さらに効果を出しやすくなります。

　Chapter 3では、IDにおける具体的な方法論を紹介しています。IDには非常に多くの、理論やフレームワークがあるので、本書ではスタンダードなメソッドやモデルをピックアップしました。さらなる興味がわいてきたら、もう1歩進んだアクションへとステップアップしていくのもいいでしょう。

　Chapter 4では、実際に私たちが支援させていただいた3社の事例を紹介していますが、その内容はまさに三者三様です。組織が抱える課題や体制が異なれば、同じ研修コンテンツの導入においても、グランドデザイン（全体設計）は異なります。他社の成功パターンをそのまま模倣するのではなく、自組織に合わせてデザインを考えることこそが成果につながる人材育成を成功させる秘訣であることが、事例を通してご理解いただけると思います。

　生産性が求められる昨今の日本企業において、組織開発や人材育成は経営の最重要テーマとなりました。どのように考え、どう組み立てていくべきか、本書がそのヒントになれば幸いです。

リープ株式会社
インストラクショナルデザイナー
荒木 恵

Contents

Contents ───────────────────────────

ビジネスゴールから、
組織の学びをデザインする

Chapter **1**

Part ＼ ＼01

研修の充実が、
目的になっていませんか？

▼

　企業では、さまざまな研修やトレーニングが行われています。外部講師を招いてセミナーを開いたり、eラーニングを導入したり、人材開発や研修の担当者は日々、試行錯誤しているはずです。そうした教育施策に取り組む目的は、一体何でしょう。

　多くの経営者やマネジメント層、人材育成担当者は、「人を育てるため」だと回答すると思います。実はその先には、「事業目標の達成」という真のゴールがあるはずです。経営者からしてみると、それは当たり前すぎて、あえて言語化されないことが多いのだと思いますが、そのために人材育成の担当者は、ついそこを見失ってしまいます。また、ひとくちに「事業目標」といっても、その内容は企業によって異なるでしょう。一般的には、売上やシェアの数字を掲げることが多いですが、そうした事業目標がまず先にあって、それをクリアする手段の1つに「人材育成」がある。それこそが企業内教育の目的なのです。

人材育成の問題は、経営課題そのもの

　先に述べたように、実際に企業内教育を行う担当者は、その目的を「人を育てる」ことだけにフォーカスしてしまいがちな側面があります。研修のテーマは何にするか、どんなアクティビティを組むか、内容そのものには関心を寄せていても、「事業目標を達成する」という上位概念に紐づいた視点が抜けてしまう傾向にあるようです。

　実際に私たちのもとへ相談にいらっしゃる企業の方々も最初は、ただ「研修をもっと充実させなければならない」という課題意識が

強く、その先のゴールまではっきりと見えていないことが少なくありません。本来の意味を喪失し、手段であるはずの教育すること自体が、目的になってしまっているのです。

　その一方で、経営者やマネジメント層も「人材育成」を組織における重要な取り組みとして挙げながらも、経営戦略とは連動できていないというケースが少なくありません。

　実際に「人材育成に課題はない」という組織は、どこにもないのではないでしょうか。厚生労働省が7,000を超える事業所を対象に行った調査によると、人材育成に「問題がある」という回答は、全体の8割を超えています（令和4年度「能力開発基本調査」）。つまり、企業における経営戦略の一端を人材育成が握っているものの、簡単には解決できない悩みの種になっているということです。

図1●能力開発や人材育成に関する問題がある事業所

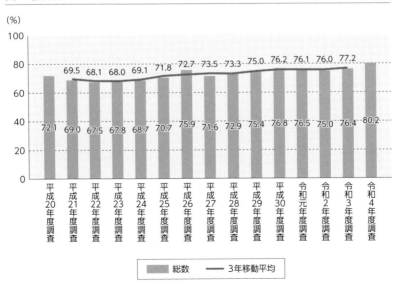

出典：厚生労働省 令和4年度「能力開発基本調査」

▍人材育成は、事業戦略側から考えなければならない

　加えて近年は、「人的資本経営」が注目されています。人的資本経営とは、人材を資本として捉え、その価値を最大限に引き出すことで、中長期的な企業価値の向上につながる経営のあり方です。ひらたくいえば、経営戦略と人材戦略を連動させるということ。

　人的資本経営が声高に叫ばれるようになった背景には、それだけ経営と人材が結びついていない実情があるといえます。

　経営戦略と人材戦略が分断されていて、事業目標からブレークダウンした教育がなされていない——それが日本企業の人材育成における現状であり、課題となっているわけです。

　では、なぜ「経営戦略と人材戦略の連動」がうまくいかないのでしょうか。主な理由として、人材育成を担う部署が、事業における戦略を考える部署やメンバーと連携できていないことが挙げられます。もう少し踏み込んでいうと、事業部門と「戦略的パートナー」になれていないということです。

　その理由として、人事部門が採用や労務管理など、幅広い業務の中の1つとして人材育成を担っていることが挙げられます。そのため、普遍的なビジネススキルを養うような、階層別研修などが中心になっていることが多く、事業目標の達成にインパクトが高い実務に近い教育まで手を出しづらいという現状もあるのです。

　しかし、実務教育に特化した研修部門をおいている場合でも、研修のオペレーションをまわしたり、eラーニングなどの学習コンテンツを取りそろえたりすることが業務の中心となっており、「今いる社員のうち、何人がどのパフォーマンスレベルまで育成できれば、事業目標にどの程度のインパクトを与えられるのか」という、経営

戦略・事業戦略を捉えた人材育成や研修のグランドデザイン（全体設計）を描けている人材育成部門はかなり限定されています。

　経営戦略や事業戦略を考えるのは、経営企画やマーケティング部門、あるいは営業推進部などの事業部門です。こうした事業部門からのリクエストに沿って、人材育成担当者が研修プログラムを企画することも少なくないでしょう。その場合、「この研修はY部長からの要望だから、早く現場のスケジュールを調整して、講師を探さねばならない……」というようなこともあるかもしれません。

　もちろん、トレンドや近年の人材動向を踏まえて人材育成部門側で教育施策を立案し、事業部門側に提案する場合や、実務研修を事業部門内で企画し、実施するケースもあるでしょう。いずれのパターンにしても、事業目標を達成するというビジネスゴールと連動した、効果的な教育になっているかというと、そうだとはいい切れないケースがほとんどだと思います。なぜならば、これまで実施した研修プログラムがどのように社員のパフォーマンス向上へ影響を与え、ビジネスインパクトをもたらしたかということについて、まったくといっていいほど検証しておらず、研修の効果がブラックボックスになってしまっているからです。

▍丁寧な「積み上げ式教育」はビジネスにおいて最適か

「営業スキル研修」「リーダーシップ研修」「タイムマネジメント研修」「コーチング研修」「ロジカルシンキング」など、なんとなくビジネスに役立ちそうな研修プログラムは、インターネット上で検索すれば無数に存在します。職種や職位によっても、受講すべきだといわれているさまざまな研修がありますが、たくさんの研修をひたすら受講させることが効果的な企業内教育なのでしょうか。

「これも知っておいたほうがよさそう。あれも知っておいたほうが よさそう……」と"Just in case"で必要そうなものを学んでいく、小学 校さながらの「積み上げ式教育」になっているケースは非常に多く 見られます。しかしビジネスの現場において、それが果たして効率 的かといえば、必ずしもそうではありません。

　例えば営業メンバーを育成する場合、新入社員からベテランまで の全員を対象に、アポイントの取り方やアイスブレイクの方法など からステップ・バイ・ステップで、理屈を体系的に教える画一的な 研修を一斉にスタートし、理想の営業スタイルを学ばせる企業が多 くあります。それがすべて誤っているとはいいませんが、非常に時 間がかかりそうですね。人によっては、すでに習得している場合も ありますから、本来は必要ない内容かもしれません。

　研修などの教育は、組織にとって大きなリソースがかかります。 このような積み上げ式ではなく、まず個々のメンバーに対して、ビ ジネスゴールを達成するために現場で求められているパフォーマン ス（行動）はどういったもので、そのうち何ができていて何ができて いないのか、「出口」から逆算して捉えていくほうが効果的かつ効率 的です。積み上げ式で研修を実施してしまうと、それぞれの研修が どのような成果につながるのか、つじつまが合わなくなったり、す でにその内容ができている、研修の必要がない人までつき合わせて しまったりすることにつながります。

　研修担当者は親切心から、基礎知識から丁寧にインプットしてあ げることが大切だと考えがちですが、まずはやらせてみて、できな かったときにその原因を分析し、課題別で研修に取り組むほうが合 理的なことは間違いありません。

Part 02

効率よく効果を出す、
魅力的な教育のルール

▼

　たくさんの時間と労力と費用をかけて企画した研修も、受講者が
「この研修を受けて、なんの効果があるのだろう」と考えていること
は少なくありません。そして終わったあとに、「あんまり意味がな
かったね」などといわれてしまっては、研修担当者としては残念な
気持ちになりますし、何よりも会社としても大きな損失です。

　そもそも社員を前向きな気持ちで研修へ参加させること自体に、
大きなハードルを感じている研修担当者も多くいらっしゃいます。
「研修に参加する社員のモチベーションを上げるには、どうすれば
いいか」という相談もあとを絶ちません。会社がコストをかけて準
備してくれるせっかくの機会なのに、なぜ社員は学びたがらないの
でしょうか。

　日々の業務が多忙で、それ以外のことに時間をとられたくない、
あるいは、参加したところで意味はないと思っている、現場で活か
せるような学習内容になっていないなど、さまざまな理由が考えら
れます。実際、研修で学んだ内容を職場で「活用した」社員は2割以
下という調査結果もあります。

　研修に対して積極的ではないのは、受講者本人だけではありませ
ん。上司が研修へ送り出すことに否定的だったり、そもそも組織の
トップ自体が研修に稼働時間を割くことに対して、なかなか首を縦
に振らなかったりという場合もあります。

　実際、あなたの組織はどうでしょうか。そうした経験のあるビジ
ネスパーソンは非常に多いと思います。

「事業目標」と「研修」の間にある道筋を整理する

Part.1 で述べたように、企業内教育の研修には、事業部門が研修部門にリクエストして行われるものと、研修部門が立案するものがあります。

事業部門がリクエストするパターンでは、例えば商談力を強化するために「ロールプレイ研修をやってほしい」「ロジカルシンキングの研修をしてほしい」といった、具体的な研修コンテンツを依頼されることが多く、研修部門はそれを組み込んだ研修プログラムを企画し、実施することになります。

このような場合は、研修部門が、「なぜこの研修をリクエストされたのか?」という背景を事業部門にヒアリングして、ビジネスゴールや現場で起きている問題から紐解くのではなく、事業部門から依頼された研修コンテンツを下請け的に実施しがちという問題が起きています。なぜなら、事業部門が研修をリクエストする際に「職場で起きている問題」のような目的から説明することは稀だからです。

例えば事業部門から「プレゼンテーション研修をしてほしい」という依頼があったとしましょう。これは事業目標に対して売上が足りていなかったり、受注率が悪いために費用対効果が悪かったりするために、そうした問題を解決することが目的なはずです。

しかし、根本的な問題はプレゼンテーション能力ではないかもしれません。実際は、顧客ニーズにあった具体的な提案ができていないことが問題で、成約につなげられていないとしたら……。プレゼンテーションのスキルをいくら上げても、現場の問題は解決しないでしょう。

このように、研修内容によっては現場の問題に対する解決策にならない場合があります。あるいは現場の問題に対する解決策として

妥当な場合でも、研修時に「業務のどんな問題を解決するための研修か」ということの説明がなかったり、現場に即した事例のつくり込みがされなかったりするため、受講者にとって、何でこの研修があるのかが伝わらないこともあるのです。

その結果、研修をいくらやっても商談の成功率は上がらず、売上アップ、ひいては業績向上を実現できません。そうならないようにするためには、以下の視点を持つことが肝要です。

> ・ その研修は、職場のどんな問題を解決するのか
> ・ その問題を解決できたら、組織（事業）にどんなインパクトを
>   与えるのか
> ・ リクエストされた研修は、問題の解決策になるか

例えば事業部門として、力を入れて売り出したい新製品があるとします。そこに注力したい背景には、新しいマーケットを獲得するためや、従来品よりも利益率が高いからなど、なんらかの理由があるはずで、これを達成することがビジネスゴールです。しかし、新製品の売上が伸びず、なかなか苦戦してしまっている。

こんなとき、新製品の販売戦略と、それを実現するための教育施策がしっかりと結びついていなければ、ただ「プレゼンテーションがうまくなっただけ」にしかなりません。それはそれで個人のスキルアップにはなりますが、そもそもの事業目標達成につながる社員の職務行動に合致していないため、事業部門が求める成果は得られない、いつまで経っても新製品は売れないわけです。

「新製品においては、こういう販売戦略になっている。これを実行するために、営業メンバーにこんなことができるようになってほしい。その実現には、新製品に関する知識と、それを商談に活かすスキルが必要だ。それを身につけるには、こんな研修が適している」

　ここまで落とし込んで研修を設計し、受講者に説明することができれば、社員は「研修を受ける意味がわからない」とならないはずです。事業部門から研修部門にリクエストする際は、自分たちの事業戦略はもちろんですが、職場で求める具体的な行動などのアクションや業務で起きている問題など、研修が必要な背景を研修部門に明確に伝えることが重要となります。

┃ 必然性 "Just in time" を「根拠（エビデンス）」で示す

　研修部門が研修プログラムを企画して実施するパターンでは、ステークホルダー（育成対象者が所属する部門のリーダーなど）から、こんな指摘を受けることがあります。

「研修を受講したところで、実務では使えないんじゃない？」
「この前もeラーニングをやったけど、あれって効果なかったよね」
「本当に時間とお金をかけてまで、やる必要があるの？」

　これらの意見に対して、答えに窮してしまうようであれば、事業部門のニーズに対して教育がどう紐づくのか、現場の問題解決につながるものなのか、研修部門側でも明確になっていないということになります。その場合、現状の研修プログラム立案において、以下のような問題点がないか、確認してみてください。

・ 現場でおきている問題についてヒアリングなどの調査をせずに、研修コンテンツを中心に考えている
・ 問題解決の手段として、「教育以外の介入策がないか」を吟味していない

　心当たりがあるならば、目指すべきビジネスゴールと取り組みがかけ離れているということ。ステークホルダーからの納得を得られないのも当然です。

　これを解決する方法が、ニーズ分析による研修の必然性を特定するための「根拠（エビデンス）」の提示です。教育の必要性を実感してもらえるような材料を、プログラム提案時に示します。この分析により、研修の目的や内容、方法、ターゲットとなる対象者、そして必要なリソースなどを明確にして、ステークホルダーに提案することができます。裏を返せば、取り扱うテーマも対象者も漠然とした「こんな研修いかがですか？　きっと役に立ちますよ」ではステークホルダーは業務時間を割いてまで研修に参加させる意義を感じないということです。

　例えば、営業メンバー全員の商談スキルレベルを評価しているデータがあれば、個人別で不足している要素がわかるので、研修のターゲットを提示することができます。それをもとに研修プログラムを立案したのであれば、説明はいくらでも可能なはず。全員のデータがなくても、サンプル調査で部門の全体的傾向を提示したり、ハイパフォーマーの行動特性から必要なスキルを分析したり、成功した商談の傾向をまとめたりすることで、「"なぜ"この研修を実施する必要があるのか？」というWhyの部分をクリアに示すことができるでしょう。そうすれば、ステークホルダーが研修の意義を理解してくれる確率は格段に上がります。

　部門のトップとしては、漠然と「商談スキル研修を実施するので、ぜひ参加してください」「コーチングを企画しました」などと説明されたところで、貴重な業務時間を削ってまでこの研修に参加させる意味があるのだろうかと、疑問を抱いても仕方ありません。

そうなったときに、「せっかく一生懸命企画したのに……」と憤慨するのはお門違いです。研修部門としては「この研修プログラムに参加すると、こんなスキルを身につけることができて、売上の障害になっている現場のこんなパフォーマンスの問題を解決できますよ」というデータを見せられれば、わかりやすくて説得力が格段に上がります。ビジネスゴールや職場でのパフォーマンスの問題を解決するための研修であると「研修の必然性"Just in time"」を示されれば、むしろ「この研修には部下をぜひ参加させてほしい！」となるはずです。

根拠に基づいた説明で、学ぶ側の納得感を後押しする

学ぶ側としても、「この研修を受けてどうなるのか」「私にとってどう役立つのか」と懐疑的になっていることもあります。受講者自身にどうやって研修の必要性を理解してもらうかは、研修担当者が頭を悩ませるポイントです。

よく見かけるのは、例えば営業メンバー向けの研修であれば、営業部門のトップから、研修の冒頭で受講者へのメッセージを話してもらうという方法。とはいえ、それだけでは具体性が乏しく、説得力に欠ける場合もあります。

ステークホルダーに対してと同様に、受講者にも「このスコアが上がると、商談の成功率が何％上がるというデータがあるので、そのために必要なスキルを研修で学びましょう」と根拠（データ）をもとに、研修を受けるメリットを事業目標に紐づけて提示することが、モチベーションを上げて、積極性を促すコツです。

逆にそうしたことが見えてこないと、学ぶ気持ちにはなかなかなりません。

　その際は、組織全体へのメリットだけではなく、研修を受ける個人の業務に活かされるという具体的な紐づけがあるほうが、動機づけになります。「この研修を受けて知識やスキルを獲得したら、どんなメリットがあるのか」ということを提示するアテンション、そして「それをどのように、実務で活かしていくのか」という業務との関連性も合わせて伝えてください。

　加えて重要なのが、教育を受けたあとの定量的な評価です。どのような知識が身について、どの程度スキルが向上したかということを数字も含めてフィードバックすると、本人の自信や満足へとつながり、それが次なる学びの原動力となります。

　事業部門からリクエストされた研修でも、研修部門から提案した研修でも、事業目標と現場のパフォーマンスとの紐づきがしっかり整理されて設計された内容であれば、受講者本人も、ステークホルダーである上司や事業部門にとっても、何のための研修なのか、しっかりと学ぶ動機づけがなされた魅力的な研修になるはずです。

解像度が低いまま進めた結果のピンボケ研修

　そのためには研修の根拠（エビデンス）としてのデータを示す以前に、事業目標の実現に向けて社員に求めるパフォーマンスゴール（職務行動）を明確にする（解像度を上げる）ことが肝になります。

　抽象度の高いスローガン的なビッグワードが示されていても、具体的な行動事例までの落とし込みがされていないことをよく見かけます。その理由の1つに、社員に求めるパフォーマンスゴールを解像度高く言語化できる人がいないということがあります。その結果、研修がピンボケしてしまい、成果につながりにくくなるのです。

　人材育成においては、研修部門を主体とするのではなく、経営者や営業部長、マーケティング部長などのステークホルダー、いわゆるマネジメント層が、経営戦略の一環として考えていかなければならないことをPart.1でお伝えしました。ところが、その目線合わせはなかなかできていないというのが現実です。

「メンバーにどのような行動を取らせたいか」
「現場で何がボトルネックになっているのか」

　こうした問題意識を起点とした合意形成ができていないまま、なんとなく研修設計がなされてしまっていることが、多くの企業に存在する問題です。
　そこを曖昧にせず、データをもとに、まずは解決すべき課題を明らかにしていくことが必要となります。現場で求められていることを言語化したり、データによって可視化したりして、教育に落とし込んでいく作業が欠かせません。

ビジネスゴール達成へ、求める職務行動を言語化

　また、研修が事業部門側の戦略にきちんと沿っているか、問題の解決に資する内容となっているか、これもKPI化して明確に合意形成していく必要があります。それはすでにできている、と考える方もいらっしゃるかもしれませんが、今一度振り返ってみてください。「顧客のニーズを掴めるソリューション営業にしましょう」「ヒアリング能力を鍛えましょう」などと、概念的な言葉だけで進めてしまっていないでしょうか。
　このような状態で研修設計に取り組むと、最終的にお互いが考えていた出口と、ズレた結果になりかねません。そうならないために

は、ビジネスゴールやそこに行きつくための行動や現場で起きている問題を、細やかに言語化していくことが重要なのです。

　例えば、マーケティング部門が考えた製品戦略を営業部門に実行してもらいたいとき、「自社製品を売るために、営業メンバーにしてもらいたい行動」を明確にした上で、不足している知識・スキルの介入策を研修プログラムの企画に落とし込む必要があります。

　しかし、このときに「営業メンバーにしてもらいたい行動」が具体的に言語化できていなければ、研修設計自体も曖昧になりますし、受講者も自分がどんな行動を求められているのかピンとこないでしょう。結果として、研修プログラムと現場での行動が紐づかずに、教育される意味がわからなくなってしまいます。

　ターゲット顧客に対して1カ月に何回接点を持ってほしいか、どのような提案をしてほしいか、行動の量と質がきちんと言語化され、共有されていなければ、全員がビジネスゴールに向かって動くことはできません。

　行動面において、量的な目標設定（KPI）をされている組織は多いと思いますが、行動の質は「言語化」がされていないことが多くあります。質は測定しづらいため、そもそも目標として取り入れられていないことも少なくありません。しかし、社員のパフォーマンスにおける質向上の鍵を握るのは、求める行動を解像度高く言語化し、社内で共有できているかが肝となります。

　私たちは「ルーブリック」という手法を用いて、これを実現しています。これは本書でよく登場する、研修設計の要となるツールなので、ぜひ覚えておいてください。詳しくは49ページで解説します。

Viktoria Kurpas / Shutterstock.com

Part 03

細やかなデータ分析で実現する、人的資本経営

▼

事業目標は何か、事業目標を達成するために求められている職務行動は何か、そして研修ではどんな知識やスキルを習得できて、それは現場のどんな問題を解決するのかという道筋を言語化し、根拠（データ）を示す。

これにより「"なぜ"この研修が必要なのか」がステークホルダーや受講者も腹落ちするわけですが、さらに大切なのは、研修後に効果を測定して、目標としていた知識・スキルが身についたのか、現場での行動につながったのか、事業目標にインパクトを与えたのかということを効果検証（データ化）していくということです。

例えば研修を実施したあとに、「あんまり効果がなかったね」といわれてしまうのは残念ですが、これはまだ良いほうです。

研修で「できる」ようにならなかった、あるいは研修で「できる」ようになったけれど、実際の業務で活用できていないなど、問題が明確にわかれば、次の打ち手につなげていくことができます。

実際に散見するのは、「研修をやってみたけれど、それが実務にどのくらい活かされているのか、実はよくわからない」というブラックボックスになっているケースです。

研修効果を測定する方法として、受講者アンケートを実施しているケースは多いと思います。

ただ、これも受講者の立場になって考えてみてください。もし、会社が用意した研修が役に立ったかと聞かれれば、その研修を用

意した同僚の顔を思い浮かべて、あるいは、自身の積極性などが人事考課の要素になるかもしれないと予想し、中程度かそれ以上にチェックをするのが「大人の対応」だと思ってしまうのではないでしょうか。

　研修部門がその回答を集計して、「80％の受講者に満足してもらえた」と単純に捉えてしまっては非常に危険です。

　つまり、本当に効果があったかを把握するには、アンケートだけでは不十分だということ。研修によってどんな知識やスキルがついたかの事後テストや、そこで得たものをどのように仕事へ活かせているか、事業目標に対してどのようなインパクトをもたらしたか、といったことを検証する必要があります。

　そのためには研修設計の段階から、「効果検証（測定）」のタイミングや方法をあらかじめ計画しておくことが欠かせません。そうすることで、研修プログラムを進行している中で期待する効果との乖離が生じたとき、すぐに気づいて研修プランを軌道修正することもできます。

　また、ステークホルダーにプログラムを提案するときにも、効果検証の計画も併せて入れ込んでおけば、無駄な投資を防ぐことができ、成果の確実性を担保しながら進める施策だと示せるのです。

　その具体的な方法は、Chapter 3で紹介します。

▎成果が出る人材育成“システム”に必要な6つの要素

　ここでもう一度、ステークホルダーに納得してもらえて、かつ成果につながる人材育成システムについて考えてみます。

　必要なのは、6つの要素です。

1. 組織が目指すビジネスゴールを特定し、課題を分析（把握）しているか
2. 社員に求める成果と行動の現状を分析し、ギャップを明確にしているか
3. ギャップの原因を分析し、教育以外の施策を検討しているか
4. 教育で解決するスコープを絞った上で研修を設計しているか
5. 研修設計に基づき、研修プログラムを実施しているか
6. 研修ゴールへの到達度を評価し、職場の行動変容を検証しているか

　当たり前のことだと感じるかもしれませんが、実際に、これらを盛り込み、教育の「効果」「効率」「魅力」を高めている企業はどれだけあるでしょうか。

　「必要なことは理解しているけれど、どうやって教育に落とし込んで進めたらいいかわからない」と悩んでいる方が多いのが、現状ではないかと思います。

　それを実現できる手法が「HPI（Human Performance Improvement）」と「ID（Instructional Design）」なのです。

　HPIは「組織の経営課題を人材の視点から解決していく方法」といわれており、その詳細についてはChapter 2で説明しますが、まさに今、注目されている人的資本経営そのものです。

　すなわち、人的資本経営を実現するには、HPIとIDの両軸が重要となります。

　IDが解決できる問題は、あくまでも社員に対する「教育」の領域ですが、HPIの観点も取り入れることで、企業内教育の目的である

「事業目標達成」に向けて、合理的に人材育成のシステムをまわすことができるようになります。

実際に私たちが携わった企業の中には、IDを導入して1年間で大変貌を遂げた企業もありました。

その企業は市場環境の変化に対応するため、ソリューション営業をできる人材育成を目指していましたが、営業現場は日々の仕事に追われ、ハイパフォーマーに仕事が集中してしまうという課題を抱えていたのです。

そこにIDを導入し、5年後の事業目標を達成するためには、ソリューション営業ができる人材がいつまでに、何名必要かを明確に言語化して、現場のマネジャー教育を起点に人材育成の仕組みづくりを行いました。

そうすることで、学習環境が整って、メンバーは自ら考えて学べるようになります。次第に個々の行動変容が起こり、学習と組織成長における肯定的なスパイラルが形成され、「人材育成が成果につながる組織」となりました。

その結果、年間受注金額が60億〜80億円で頭打ち状態だった事業が、1年で110億円を達成し、その後も年間18％の成長を実現する組織へと変わったのです。

パフォーマンスデータを軸に投資先と方法を決める

事業目標達成に向けたあらゆる施策が存在する中で、社員の教育は時間や労力、費用といったコストが非常に多くかかってしまう介入策であり、できれば教育以外の方法で事業目標を達成したいと考える経営者も多いはずです。

　まさにそれが「戦略的教育」で、教育という手法をもって介入しなくてはいけないところを、どれだけ絞り込むことができるかを精査し、取り組んでいくことが重要となります。

　例えば、社員が100人いる場合、全員に対して一律に教育を実施する必要はありません。個々のスキルレベルや課題別に、必要な教育を提供すればいいのです。

　現状で、誰がどの程度のスキルを持っているかなど、各人のパフォーマンスをデータ化できていれば、課題がある人とない人をセグメントして、課題のある人にだけ、教育のリソースを配分することができます。
　そうすれば、その分の教育コストを削減できるわけです。

　教育が必要だと判断される人の中にも、スキルが不足している人には3カ月間の研修プログラム、基礎知識が不足している人にはまずはeラーニングなど、不足している要素に応じてもっともリーズナブルな方法を選択することもできます。

　このように人材のパフォーマンスをデータ化することによって、誰に対してどのような教育策を投資すれば経営課題を効率的に解決できるか、社員を「資本」として捉え、今後の事業計画に沿って、より戦略的に人材育成を考えることができるのです。

　パフォーマンスのデータ化は難しいと考える経営者やマネジメント層もいるかもしれません。その理由は、事業目標の達成に必要なパフォーマンスの要素を、明確に言語化できていないからではないでしょうか。

図2●パフォーマンスデータの例

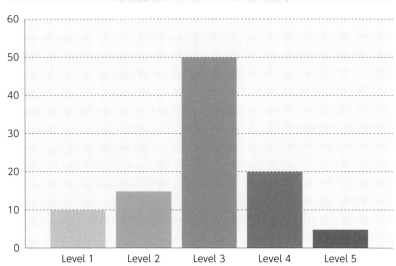

A事業部のパフォーマンススコア分布

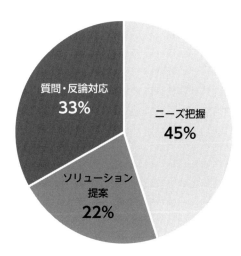

Level 3社員：商談スキル課題

社員の「ブラックボックス」をデータで可視化する

　人的資本経営に向けて戦略的教育を実現したいと考えても、事業目標に関するデータはあるかもしれませんが、社員のパフォーマンスデータを持ち合わせていないため、動けていない企業は少なくありません。社員のパフォーマンスに関するデータを回収するには、ここまでにも述べてきたように、事業目標に基づいて社員に求める職務行動を言語化する必要があります。

　HPIおよびIDを導入するにあたり、まずはこの道筋を整理して言語化し、根拠となるデータを揃えていくことがファーストステップとなるのです。私たちはそれを重要視しているため、事業目標達成につながる人材育成戦略をサポートすることができるのです。
　組織における1地点の可視化や効果測定だけに使うのではなく、その先にある教育以外の施策も見据え、どんなデータが必要で、どのように収集すれば正しく把握できるのか、その上でどう活用するか、というところまでを考えてエビデンスを揃えることができるのが、私たちの大きな強みになっています。

　一方で、事業部門からさまざまなデータをもらっても、研修部門ではそれをどう扱っていいのかわからないという声もよく聞きます。せっかくコストや時間、手間をかけて収集したデータなのに、それをうまく活かせていないのは、組織にとって大きな損失です。
　ビジネスゴールと、それを達成するためのパフォーマンスゴール、そして教育施策のすべてが一貫性を持ち、結びついていないと社員は混乱してしまいます。
　効率よく成果を出すためには、分析・設計・教育が一貫してつながっていることが、もっとも重要なファーストステップです。

図3●ビジネスゴール達成につながる「人材育成システム」

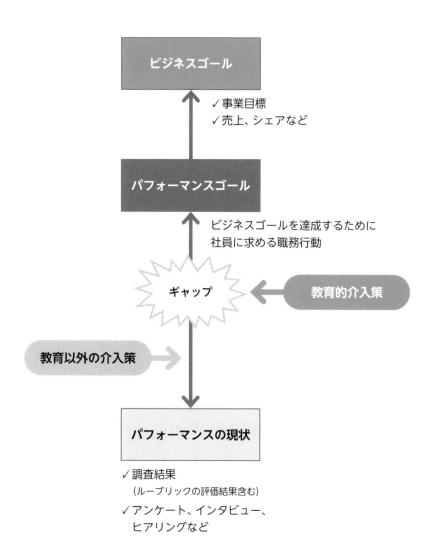

ビジネスゴール

✓事業目標
✓売上、シェアなど

パフォーマンスゴール

ビジネスゴールを達成するために
社員に求める職務行動

ギャップ

教育的介入策

教育以外の介入策

パフォーマンスの現状

✓調査結果
（ルーブリックの評価結果含む）
✓アンケート、インタビュー、
ヒアリングなど

Viktoria Kurpas / Shutterstock.com

社員のパフォーマンス
改善に、本当に必要なこと

Chapter 2

Part 01

HPIを理解しなければ、
教育の無駄はなくならない

▼

　Chapter 2では、IDの上位概念であるHPIについて、その構造やID
との関係性などを詳しく解説していきます。ただ、理論だけでは具
体的なイメージがつきにくいかもしれません。まずは研修を企画す
るときにHPIの観点が抜けていたため、努力が空回りしてしまった
研修部門の担当者・Aさんに起きた事例から、HPIの視点で組織の全
体像を捉えることの大切さについて考えます。

「商談力アップ研修」の悲惨な結果

　あるメーカーで、研修部門の研修担当者として勤務するAさん。
入社5年目を迎えて、社内の諸事情もある程度わかるようになり、
はりきって業務に励んでいました。そんな中、ロールプレイを中心
とした営業部門向けの「商談力アップ研修」を企画し、実施したので
す。これは、新製品の発売に合わせて、新たな受注を取ってこられ
るように営業メンバーを研修してほしいと、マーケティング部門か
ら依頼されたものでした。丸1日を費やした研修を無事に終えたと
ころで、研修部門の部長から、こんな指示を受けます。

「商談力アップ研修の成果を、受講者アンケート以外の方法で定量
的に出してくれる?」

　アンケートを集計して成果を報告しようと思っていたAさんは、
部長からのリクエストを受けて、頭を抱えてしまいました。
　企画した研修では、マーケティング部門から新商品のセールスポ

イントを説明されて、それに沿ったロールプレイを実施したのですが、何をもって「成果」とすべきなのか、どうすれば定量的に示すことができるのか、Aさんは皆目見当がつきません。

　しかし、そこに追い打ちをかけるように、部長はこう続けます。

「あと、来月に実施予定の『デザイン思考研修』なんだけど、本当に必要なのかっていう声が社内で多くてね。企画した意図と実施の意義を、みんながわかるように説明してほしいんだ」

　このデザイン思考研修は、デザインアプローチが昨今のトレンドであることから、部長の発案で企画したもの。Aさんは上長からの指示通りに手配をしただけで、実施の意義など考えていません。

　途方に暮れながら社内を歩いていると、すれ違った社員たちの会話が耳に入ってきました。

「営業向けの研修に何度か参加したけれど、全然役に立っていないよな。先週受けた研修のテーマ『ソリューション営業研修』なんて、ヒアリングシートをきちんとつくっておけば良い話で、わざわざ業務時間を潰して、研修に出る必要なかったよ」

　ソリューション営業研修も、営業部門からの依頼でAさんが実施したもの。「社員のスキルアップを図れるように」と外部講師を招いて、一生懸命企画したのに、当の参加者には響いていませんでした。まさに泣きっ面に蜂ですが、こうしたことは珍しくないのです。

　このような状態に陥ってしまった理由には、共通点があります。それは、すべてにおいて「なぜこの研修が必要なのか（Why）」が抜けていることです。それゆえに「研修で何を学び、何ができるようになるのか（What）」に相当する出口（目標）の設定が曖昧なのです。

マーケティング部門や部長から研修の依頼があった際に、なぜその研修が必要なのか、事業目標の達成状況や現場で起きている問題など、研修が依頼された背景にあるニーズをヒアリングすることなく、研修の準備を進めてしまったので、研修を行う意義も、納得のいく説明ができません。加えて研修の出口が曖昧なので、どんな指標で成果を示せば良いのか見当もつかず、研修の効果を把握できません。もちろん、数値化して定量的なデータを提示することも不可能です。さらに、人の行動を変えるには、研修でスキルアップさせるしかないと思い込んでいたAさんですが、参加者の意見を聞くに、もしかしたら、研修以外の方法もあったのかもしれません。

教育はパフォーマンスギャップを埋める施策の1つ

Aさんの事例を見て、ハッとした方も多いのではないでしょうか。ちょっと極端な事例ではありますが、実際に数ある育成現場で起こっている話です。こうした事態に陥らないように、頭に入れておくべき考え方がHPIであり、その観点を踏まえて研修を企画していれば、Aさんも悩みを抱えることはなかったはずです。

HPIについて、Chapter 1では「組織の経営課題を人材の視点から解決していく方法」とお伝えしました。もう少し噛みくだいていうと、「社員のパフォーマンスにおける問題とその原因を把握することで組織の課題を見出し、改善しながら事業目標の達成に向かって進んでいく」手法だといえます。

HPIでは、まずビジネスゴールから経営課題を抽出してパフォーマンスゴール（あるべき姿）を特定し、パフォーマンス分析を行います。社員に期待するべき姿と現状を捉えることで、そこに生じているギャップやその原因を探っていきます。その上で、ギャップを埋

めるための適切な施策を選択して実施し、その施策の過程と結果を評価していく、というサイクルを繰り返してパフォーマンスギャップ解消・ビジネスゴールの達成に近づいていきます。

パフォーマンスのギャップを生じさせている原因はさまざまで、その解消法も1つではありません。もし「教育」を施策として展開する場合には、IDを活用して人材育成のスキームを考えていくことになります。ただ、教育だけが実施すべき取り組みではないということも、留意しておいてください。

パフォーマンスゴールがわかれば、道筋は見える

このようにビジネスゴールへ向かうため社員へ求める職務パフォーマンス（成果と行動）のあるべき姿をパフォーマンスゴールとして、現状を捉えるのがHPIの考え方です。

課題を解決するのは、山登りのようなもの。ゴール（あるべき姿）が明らかでなければ進みようがありませんし、現状を把握していなければ、道をひくことはできません。

これは教育についても同じで、まず、受講者をどこに向かわせるのか、出口を特定することから始めます。一方で、受講者が今どこにいるのかという入口を把握していないと、あるべき姿に向かうための方法、つまり道筋がわからないわけです。

研修を担当していると、「どんな研修をすべきなのか」と方法論から考えてしまうことが多いかもしれません。しかし、何が適切かは、職場で起きているどんなパフォーマンスの問題を解消するためのものかわからないと判断できませんし、そもそも研修ではない施策のほうが効果的な場合も多くあります。こうしたアプローチが、HPIの特徴でもあります。

　前述のAさんは、パフォーマンスのあるべき姿と現状のギャップを捉えていなかったため、研修の意義や成果を問われても、返すことができなかったのです。

　こうしたあるべき姿（出口）と現状（入口）を起点とする戦略的な考え方は、IDにおいても同様です。だからこそ、HPIへの理解が、IDを学ぶことへとつながっていくわけです。

　HPIは組織における問題解決のアプローチとして、教育に留まらない、より広い概念であり、IDは組織課題の中で「教育」が解決策となる場合に活用できる理論といえます。つまり、HPIにおける「大きな出入口」を特定したら、その先の道を進む方法の1つがIDであり、そこにも「小さな出入口」が存在します。研修担当者はこの2つの「出入口」のつながりを常に捉える必要があるのです。

組織課題をシステムで解決する6つのプロセス

　そもそもHPIは、ATD（Association for Talent Development）が推奨する成果創出、生産性向上を進めるためのプロセスです。アメリカにおける長年の研究と実証実験によって、構築されてきました。

　ATDによるとHPIは、あるべき姿と現状の人材の重要な成果とのギャップを発見・分析し、成果向上に向けて、そのギャップを埋める効率的かつ倫理的に妥当な施策を設計・実行し、成果・業績を測定するシステム的なプロセスと定義されています。

　もう少し具体的にプロセスを紐解き、6つのステップに分けて考えていきましょう。

　これまでに述べてきたことと少し重なりますが、IDを学ぶ上でも、非常に重要な概念なので、あらためて理解を深めていただければと思います。

1. ビジネス分析 (ビジネスゴールの特定)
2. パフォーマンス分析 (あるべき姿と現状のギャップの明確化)
3. 原因分析
4. 施策の選択と設計
5. 施策の実施
6. 結果の評価

　先にも説明していますが、まずはビジネスゴールを特定して経営課題を分析することから始めます(1)。次に、課題を解決してビジネスゴールを達成するために、社員に求めるパフォーマンスゴール(成果と行動)を定めます。その上で、現状では現場でどの程度できているかを分析し、あるべき姿(出口)と現状(入口)のギャップを洗い出すのです(2)。

　このパフォーマンス分析については、46ページで詳しく解説しますので、ここではHPIにおける重要なプロセスの1つとして、捉えておきましょう。

　例えば、製品Xの事業戦略として売上10億円達成(ビジネスゴール)を掲げているものの、現状は7億円だという場合を考えてみます。不足している3億円のギャップを埋めるには、競合品Aを愛用している顧客を取り込む必要があります。そのために、営業部門のメンバーに求めることは……というように、社員それぞれの職務において、どんな成果と行動(パフォーマンスゴール)を求めているのかを言語化して明確にするわけです。

　それと同時に、社員の現状におけるパフォーマンスを把握しなければなりません。そうすることで、あるべき姿(出口)と現状(入口)の

パフォーマンスギャップが明らかになります。

　このギャップを埋めれば組織の成果につながるわけですから、考え方としては非常にシンプルになったでしょう。しかし、そもそも出入口の設定や、ギャップの捉え方を見誤ってしまっていたら、いくら施策を実行しても成果は得られません。

　そのためギャップの明確化、つまり「パフォーマンス分析（2）」こそ、HPIのプロセスにおける重要項目となるのです。

　さて、ギャップを洗い出したら、その根本的な原因を分析します（3）。その原因に応じて最適な施策を選択し、設計します（4）。あとは施策を実施して（5）、その成果を評価するわけです（6）。

　HPIの中でもう1つ、要となることは、原因分析（3）だといえます。研修部門としては、パフォーマンスギャップを解消する方法で真っ先に思いつくのは「教育」ではないでしょうか。

　ただ、先にも述べたように、教育だけが解決策ではありません。ギャップを生じさせている原因によっては、教育以外の方法で改善できることも多くあるのです。教育には多大なコストがかかりますから、もし他の方法が有効なのであれば、そちらを優先して実施するべきだといえます。

　Aさんの事例では、「ソリューション営業実践法」の研修を外部講師に行ってもらわなくても、顧客向けのヒアリングシートを整備するだけで、ある程度の効果を期待できたのかもしれません。費用的なコストや、研修によって営業メンバーの時間を消費してしまうことを考慮すると、まずはどちらの方法を実施すべきか、明らかです。

図4●HPI理論に基づくビジネスゴールへのプロセス

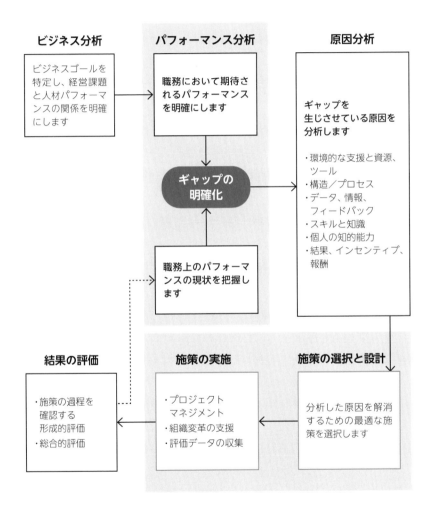

ビジネス分析

ビジネスゴールを特定し、経営課題と人材パフォーマンスの関係を明確にします

パフォーマンス分析

職務において期待されるパフォーマンスを明確にします

ギャップの明確化

職務上のパフォーマンスの現状を把握します

原因分析

ギャップを生じさせている原因を分析します

・環境的な支援と資源、ツール
・構造／プロセス
・データ、情報、フィードバック
・スキルと知識
・個人の知的能力
・結果、インセンティブ、報酬

結果の評価

・施策の過程を確認する形成的評価
・総合的評価

施策の実施

・プロジェクトマネジメント
・組織変革の支援
・評価データの収集

施策の選択と設計

分析した原因を解消するための最適な施策を選択します

成果からの逆算なしに、人材育成はうまくいかない

HPIのプロセスにおいては、大きく2つのゴールが存在します。

ビジネスゴールは、事業目標や組織ニーズといいかえることもできます。会社として獲得したい売上やシェアの数値など、文字通りビジネス（事業）に直結する指標であることがほとんどです。販売戦略やマーケティング戦略で設定している目標をビジネスゴールに据え置く場合もあります。

そのビジネスゴールを実現するため、社員にどのような成果と行動を求めるか、個人に落とし込んでより具体的に示したものがパフォーマンスゴールです。つまり、組織が目指すビジネスゴール、そしてビジネスゴールを実現するためのパフォーマンスゴールが明確になっていないと、社員は事業目標達成に向けて、具体的に何を求められているのかわからないのです。

ところが、現実にはこれら2つのゴールが明確に定義されていなかったり、曖昧なままにしていたりする企業が少なくありません。特にパフォーマンスゴールは「行動の量」だけでなく「行動の質」にも関わるため、言語化することが難しく、ブラックボックスになってしまっていることも多くあります。そもそも「追っているKPIはたくさんあるけど、どれがビジネスゴールで、何がパフォーマンスゴールかわからない」という場合もあります。

そのため、私たちのもとへ相談にいらっしゃった方には、まずそこを明確にする方法を提示し、一緒に整理して、KPIを設定するところからはじめます。

営業部門などでは、営業メンバーに対するKPIが設定されていても、ビジネスゴールとの関係性が現場に理解されていないこともあ

りJ ます。もしくは「成果」に関するあるべき姿は設定されていても、「行動」については曖昧になっていることが多く見られます。

　組織が目指すビジネスゴール達成に向けて営業メンバー個人に求める成果は明示されていても、成果を出すために取るべき行動が抜け落ちてしまっているわけですから、具体的に何をすればKPIを達成できるのかわからない、という状況に陥ってしまいます。

　特に「行動の質」が具体化されていないと、人によって解釈にズレが生じてしまうのです。「こういうことをやってほしい」という思いは各部門で持っているはず。しかし、それが明確に言語化されていなかったり、どの程度を求めているのか、レベル感が不明瞭だったりすることがほとんどです。

　成果につなげるためのパフォーマンスギャップが曖昧なまま、なんとなく研修やeラーニングなどのコンテンツを導入してしまっている。それが多くの企業の現状であり、教育が成果につながらない理由となっているのです。

Viktoria Kurpas / Shutterstock.com

Part 02

成果から逆算して、
行動の「質」に落とし込む

▼

　実のところ、事業目標であるビジネスゴールの設定はされていて
も、パフォーマンスゴールを明確に定義できている企業はあまり多
くありません。企業である以上、経営戦略や事業戦略が立案される
過程でビジネスゴールが設定されないことは、ほぼないと思います
が、パフォーマンスゴールの設定は責任部門が曖昧になりがちです。
定量的なKPIは営業推進などの部門によって設定されているケース
はありますが、特に行動の「質」に関しては言語化されていない、も
しくは抽象度の高いビッグワードであることが多く、人によって解
釈が変わりがちです。本来はビジネスゴールを決めるのと同様に、
パフォーマンスゴールの設定も重要な位置にあるはずですが、この
部分は現場に委ねられており、検証されていないことが多いのでは
ないでしょうか。売上10億円というビジネスゴールだけを提示して、
あとは各部門で達成に向けてがんばりましょう、という具合です。

　社員に求めるパフォーマンスゴールが不明瞭になりがちな背景に
はさまざまな要因がありますが、その1つには製品や営業に関する
戦略を立てる部門はあっても、成果につながる社員の行動の「質」の
定義や分析を担う責任部門がないことが挙げられます。またビジネ
スゴールからパフォーマンスゴールへの落とし込みをできる人材が
社内にいないという現実もあるのです。

　このような現状を整理することがパフォーマンス分析の目的でも
あり、Part.1で述べたように、HPIのプロセスにおいて重要なステップ
だといえます。社内で実施できれば、それに越したことはありません。

　しかしながら、行動の質を具体的に言語化することが難しいだけでなく、パフォーマンス分析は部門を越えてステークホルダーを調整しながらプロジェクトを進める必要があるのですが、社内ではパワーバランスや利害関係があり、なかなか難しいケースも多くあります。HPIやIDを学んで取り入れようとする場合、この分析プロセスが最初のハードルとなりがちです。ここでつまずいてしまうと、「HPIは難しい」「IDは使いこなせない」となってしまいます。

　その場合は、外部の専門家が介入して客観的に分析・評価を実施することも有効な手段で、私たちの役割です。ただ、本書では社内で実施することを前提として、その方法を解説します。

┃ パフォーマンス分析で明らかにすべき、3つのこと

　ビジネスゴールを実現するために、「期待される職務パフォーマンス（成果・行動のあるべき姿）」はどんな状態で、「現状のパフォーマンス」はどうなっているのか。そして両者には、どのようなギャップがあるのか。これら3つを明らかにするところまでが、パフォーマンス分析です。これらのうち、どこか一部でも見誤ってしまうと、成果につながる課題抽出は成立しません。

　パフォーマンス分析の解像度が高い状態、つまり出入口とギャップが明確であればあるほど、効果的かつ効率的な課題解決の取り組みへとつながります。

　この3点が曖昧なまま、Chapter 3で紹介するID理論をいくら取り入れて、研修にいくら入念な工夫をこらしても、組織が期待する成果にはつながりません。

　だからこそ、私たちが研修の全体設計をお手伝いさせていただく際に、まずは注力するポイントでもあるわけです。

パフォーマンス分析において、その職務におけるパフォーマンスゴール（あるべき姿）をつくるために、私たちは組織で成果を出しているハイパフォーマー、平均的な人、まだ経験の浅い新人のように、習熟度を大きく3群に分けてデータを収集していきます。ハイパフォーマーだけだと、すでにパフォーマンスゴールを達成している人が多いことから、組織としての課題が見えづらいからです。

パフォーマンスゴールとメンバー全体のギャップは、相対的に分析しなければわかりません。3群を比較することで、その違いの解像度を上げるべく調査していきます。

ハイパフォーマーがやっていることだけを言語化すると、意外と当たり前のことが多いものです。一方で、言語化することによって、ハイパフォーマーでない人ができていないことも浮かび上がってきます。そこをさらに顕在化することで、パフォーマンスゴールがより明確になるわけです。

例えば営業メンバーであれば、月間の目標成約数があり、それを達成するために1日あたりの顧客訪問数や新規商談件数など、数値化しやすい行動のKPIを設定することが多くあります。

しかし、ビジネスゴールの実現に強い影響を与えるのは、こうした定量的に測定しやすいものだけでなく、「行動の質」が重要なキーファクターになることが多くあります。営業メンバーの場合は商談の質、コンサルタントではコンサルティングの内容などを、具体的に定義して、職務遂行を求める必要があります。

わかりやすく営業部門を例に挙げると、1日あたりの顧客訪問数5件をKPIに設定していた場合、75％の営業メンバーはクリアしていても、目標成約数を達成している人は15％しかいないとします。実際の行動を見てみると、客先に足を運んでも顧客の担当者に会わず、ただパンフレットを置いてくるだけだった。それでは成約するはず

ありませんから、このKPIだけでは不十分だというわけです。

　かなり極端な事例をご紹介しましたが「ソリューション営業をしましょう」とか「顧客ニーズに沿った提案をしましょう」のような求める行動の伝え方も考え直す必要があります。なぜなら、これらは非常に抽象度が高く曖昧で、人によって解釈がズレやすい言葉だからです。具体的にどういう行動を指しているのか、そのイメージは人によってばらつきがあります。商談の回数や耳触りのいい言葉だけでは伝わらない具体的な「行動の質」を定義して、それを含めて社員に求める職務行動の目標を設定することがポイントです。

職務パフォーマンスを言語化する「ルーブリック」

「行動の質」を具体的に言語化することは、簡単ではありません。加えて、質を定量的に測定するためには、細やかな指標の設計が必要となります。

　そこで、私たちはIDに沿った研修設計のプロセスを見越して、「ルーブリック」という手法を使ってパフォーマンスゴールを測定できる指標をつくります。一般的にルーブリックは高等教育において、知識テストでは測定できない知識・スキル・マインドを統合して発揮されるパフォーマンス評価に使用されるツールです。ビジネスにおいて求められる職務パフォーマンスも、まさに複合的な要素を組み合わせて発揮される高次な能力であることから、この手法が活用できます。「行動の質」を細やかに言語化し、ルーブリックとして定義することで、“あるべき姿と現状のギャップを捉える”ための非常に有用なツールとなります。パフォーマンス分析で対象となる社員のインタビューや行動観察調査から導き出した、「行動の質」を一つひとつ明確にして作成していきます。

　ルーブリックは具体的にどんなものかというと、縦軸に「評価観

図5●ルーブリックの構成例

❶ パフォーマンス課題の記述
課題：●●●●●●を評価するためのルーブリック

❷ 評価観点・規準		**❸ 評価尺度**					
評価観点		Fail	Poor	Fair	Good	Very Good	Excellent
面談の開始							
訪問目的の伝達／面談の場づくり				**❹ 評価基準**（各段階における行動レベルの目安）			
医師の関心ごとの確認と課題の提示							
課題抽出のための状況把握			記述語				
先生の現状を受け止める							

点」、横軸に「評価尺度」を設定し、評価基準をレベルごとに並べた、マトリクスの表になります。レベルは、それぞれの評価観点に対して、求められるパフォーマンスの到達度を示すものです。

「営業メンバーの商談スキルを評価する」ためのルーブリックを例に説明します。縦軸の評価観点に「訪問の目的を明確に伝えて、商談の意義を感じさせる」と置いた場合。それに対して、横軸にレベル1からレベル6までの行動を設定します。

レベル1がもっとも低い指標で、「唐突に営業トークを始める」、レベル2は「説明した訪問目的が曖昧である（情報提供を行う製品名のみを伝えるなど）」。このあたりは早急に改善する必要がありそうです。レベル6がもっともハイパフォーマンスで、「顧客の潜在的な課題が提示されており、興味を引きつけていた」となり、この最高レベルがパフォーマンスゴールであり、出口だといえます。このように、各レベルの評価基準を習熟度別に言語化しているのです。

基準が言語化されることで、評価者によって評価がブレることが少なくなり、的確に現状を把握することができます。つまりは本社のステークホルダーはもちろんのこと、現場での指導者である上司の目線合わせだけでなく、社員によるセルフチェックにも用いることができるのです。

それぞれのメンバーについて、「どの行動がどんなレベルにあるのか」がわかるので、それをもとにパフォーマンスのギャップを明らかにして、原因分析に移ることが可能となります。

人によっては、必ずしも最高レベルを目標とする必要はありません。新人なら目標をレベル3に設定する、目的や社員の状況に応じてマイルストーンを置くなど、柔軟に考えることができます。

ルーブリックはチェックリストと異なり、段階的にレベル（到達度）が示されているため、現状を細やかに把握できるだけでなく、教育を含めた施策を実行した後の評価にも活用できます。また、パ

フォーマンスゴールをルーブリックとして指標化しておくことで、HPI と ID をつなげるためのツールとなります。ID に沿って教育的介入策を設計する際にも、現場のパフォーマンス課題から乖離させずに、効率的に人材育成を進めていくことにつながります。

「ギャップの原因分析」から次の手を考える

　ルーブリックを作成したら、それをもとに社員のパフォーマンスの現状を評価して、ギャップを探っていきます。それが明らかになったら、なぜ成果にギャップが生じてしまうのか、なぜ求められる行動ができないのか、原因分析をしていきます。

　例えば商談時に、顧客の課題をヒアリングせずにいきなり製品紹介をしている営業メンバーが全体の60％を占めていることが明らかになった場合を考えてみます。

　なぜそのメンバーは顧客にヒアリングをしないのか、当事者たちにインタビューをした結果、次のような意見があったとします。

「ヒアリングすべき内容は知っていたが、対話の中でうまく切り出せずに製品紹介をしがちだった」
「そもそも商談では、製品紹介の前に顧客のヒアリングをすることが求められているとはまったく知らなかった」

　前者の場合、ヒアリングするための質問スキルが足りていない状態ですから、商談におけるヒアリングの進め方の事例を提示したり、ロールプレイなどのトレーニングを実施したりする必要がありそうです。ID を用いて、改善のために教育的アプローチを視野に入れていきます。

　一方で後者の場合、原因は商談の進め方という「業務プロセス」が

伝わっていないことにあるので、トレーニング以前に、まずはジョブエイドなどで業務プロセスを明示し、ヒアリングリストなどの商談ツールを整備することが先決になります。

　原因分析の目的は、パフォーマンスギャップを埋めるために最適な介入策は何かを考えること。効率よく効果的な教育を実施するためには、まず本当に教育が必要なのかどうかを見極めなければなりません。すべて教育で解決しようとするほど、非効率で無駄なことはないのです。研修やeラーニングを提供しなくても改善するのであれば、そのほうが短時間で効果が出る上にコストもかかりません。

　そのためにも、インタビューなどを通じて問題の原因を捉えることで、教育以外の方法で解決できる方法はないか問題を切り分けます。

「現状では、商談において顧客へのヒアリングができていないという問題があります。そもそもヒアリングをしてから製品紹介という商談の進め方は、全員に共有されていますか？」
「商談におけるヒアリングの重要性は理解されていますか？」
「ヒアリングの障害や障壁になっていることはありますか？」
「ヒアリングを円滑にするための質問リストやヒアリングシートなどのツールはありますか？」

　これはあくまでも一例ですが、ギャップの先にある原因の追求を意識して、インタビューを進めてください。また、原因分析は研修部門だけではなく、営業部門やマーケティング部門などの事業部門と一緒に進めることをお勧めしています。そのほうが、ギャップに対して教育以外の介入策を含めて的確な打ち手につなげやすいからです。さらに事業部門のメンバーも巻き込めば、分析結果に対して責任と当事者意識、納得感を持たせることもできるのです。

Part

03

顕在化したギャップを埋める、 適切な施策を選ぶ

▼

　あなたの組織において、パフォーマンス分析で問題が抽出された ときを想像してみてください。「現場で社員がちゃんと活動してい ないからだ！」というように、その原因は「個人の問題」だと捉える ことが多いのではないでしょうか。

　ところが、HPIの世界では、パフォーマンスにおける問題は個人 に起因するものが18％、組織に原因があるものが82％だといわれて います。

　つまり、個人に対する研修やeラーニングといった「教育施策」よ りも、組織内の体制を変えたり、支援方法を整備したりする施策の ほうが、よっぽど早期に解決につながる問題が多いということです。 パフォーマンスギャップの原因は、主に以下の6つに分類できます。

図6●パフォーマンスギャップの原因分析項目と具体例

環境的な支援と資源、ツール	構造／プロセス	データ、情報、フィードバック
例 信頼性の高いデータ、参考資料、ツール、教材、テクノロジー、機器、十分な予算、仕事にふさわしい場所、健康ウエルネス、組織設計など	例 業務のシステムやプロセス、マネジメントサポート、役割や期待のわかりやすさ、意味のあるミッションステートメントなど	例 上司のフィードバック（コーチング）、同僚からの支援（メンタリング）、顧客からのフィードバックなど
スキルと知識	**個人の知的能力**	**結果、報酬、インセンティブ**
例 仕事を行うために知っておく必要があること、できなければならないこと（フォーマルなトレーニングで担える範囲の机上のもの）	例 仕事にもたらす個人的な資質（能力）、経歴、学歴、業務経験、採用選考基準など	例 インセンティブ、褒賞、ボーナス、業績に応じた給与、雇用保証、ポジション（職位）、昇給、業務評価システムなど

図6に示した中では「スキルと知識」のみが、教育的介入によって解決すべきことであり、ID理論が活用できるパートです。これについてはChapter 3（63ページ）で詳しく解説していくので、本パートではそれ以外の5つの原因について、事例を挙げながら説明します。パフォーマンス問題を切り分けて、教育的介入ではない方法での解決を考える際の、ヒントにしてください。

環境的な支援と資源、ツール

信頼性の高いデータや資料、パソコンや業務に使用する機器、仕事場所、社員の健康、組織設計などを指します。

わかりやすい例では、オンラインで商談をしなくてはならないのに、パソコンのスペックが低くてフリーズしてしまう、通信状況が悪くて接続できないというケースです。

52ページで挙げた、顧客課題のヒアリングを改善する場合で考えてみましょう。ヒアリングは、コミュニケーション能力や信頼関係を構築するノウハウが必要な作業です。

そのため、「ヒアリング力向上」といった研修を実施したり、ロールプレイによってトレーニングしたりすることが解決の手段だと思い込んでしまいがちですが、実はその限りではありません。

一定以上のコミュニケーションスキルを備えている社員であれば、事前にヒアリングすべき項目をリスト化しておくことで、必要な内容をしっかり聞くことができます。

ヒアリングシートを作成すれば、それ自体がパフォーマンスゴールを具体化していくことにもつながるわけです。

ほかにも、提案資料のひな形を会社で用意しておけば、顧客ごと

に少しアレンジするだけで済みますから、「資料作成スキル」の基礎教育は必要ありません。

　もちろんサポートツールを提供するだけでは解決できない問題もあると思いますが、少なくともこれらの事例のようなツールを会社として整備しておくことで、トレーニングで補完すべき知識・スキルの範囲をかなり絞り込むことができます。

　早急に解決すべき課題に対しては環境を整備したり、ツールを準備したりするほうが効率的です。

▋ 構造／業務プロセス

　6つの原因でも比較的多く見られるのが、そもそも業務プロセスが明示されていないことに起因する問題です。

　顧客を訪問して、その場で「さて、どういう手順で話そうかな」などと考えながら行う商談は、成果を生むといえるでしょうか。よほど営業の達人でない限り、うまく進むとは思えません。

　顧客課題のヒアリングにパフォーマンスギャップがあるとして、もしもこのような形で商談が行われていた場合、あらかじめ商談プロセスをフローチャートにして用意しておくことも、解決策の1つだといえます。

　例えば、1回の商談を1時間だと想定すると、最初の10分はアイスブレイクや自社の紹介、次の20分は顧客課題をヒアリングして、そこから20分で課題に沿った商品の提案、最後の10分でクロージングをかける、というようにステップとして営業メンバーに提示しておくのです。

　仮に商談力アップの研修を実施する場合でも、この商談プロセスが定義されているだけで、ギャップが発生しやすい箇所を絞り込むことができ、教育の範囲を小さくすることができます。

　あるいは、顧客に向けた提案書の質を担保するために、作成する手順（例えば、顧客ヒアリング→提案書骨子作成→費用概算試算→上司レビュー→提案書のつくり込みといったもの）を規定するなどの方法もあります。

　こちらも、商談に関わる業務プロセスに対する介入策です。

データ、情報、フィードバック

　フィードバックや社員に与える情報が足りていないということも、ギャップが生じる原因です。

　具体的には、1on1やOJTなどによる上司からのコーチングや先輩からのメンタリング、顧客からのフィードバックなどが挙げられます。フィードバックがなければ、自分の行動がよかったのか、改善すべきなのかがわからず、自律的に成長していくことができません。

　例えば、顧客ヒアリングを引き上げるためのツールを作成して、スキルトレーニングを実施した場合でも、それだけですべての問題が解決するわけではありません。さらなるスキルの習得や行動としての定着が必要なケースもあります。実際の商談において顧客ヒアリングを実施できているかどうか、仮にトライしていたとしても、うまくいっていない場合もあるので、上司からのフィードバックや同僚間での情報共有などを行うことも重要です。

　思うような結果が得られないのであれば、まずは当人にインタビューをして、以下のことを確認してみてください。

「上司から、商談スキルについてのコーチングを受けていますか?」
「同僚同士で顧客ヒアリングの進め方やノウハウの共有をする場が
ありますか?」

　ここで注意すべきは、上司や先輩からのフィードバック自体の観
点や内容がズレてしまうことです。どれだけアドバイスをしていた
としても、それがパフォーマンスゴールと合致していなければ意味
がありません。

　そのためにも、明確に言語化されたパフォーマンスゴールが、組
織内で十分に共有されている必要があります。

　フィードバックの機会がないことも問題ですが、フィードバック
の機会があっても、適切なフィードバックがされないケースもあり
ます。昨今の環境変化で商談の方法やスタイルが変わってきてい
るのにもかかわらず、古いやり方を好む上司が会社の方針とは異
なる指導をしてしまっているケースです。会社としては新しい手法
を導入しているのに、上司がそれを現場で認めていないと、適切な
フィードバックシステムが機能しないため、注意が必要です。

個人の知的能力

「個人の知的能力」というのは、一見、教育的介入で向上させられる
のではないかと思うかもしれません。しかし、ここでいう知的能力
とは、仕事にもたらす個人的な資質や素養です。

　これは採用時にしっかりと判断すべき項目であり、学力や経験な
ど、企業が求める条件を満たしていることが必要だといえます。

　具体的な例を挙げるとすれば、製薬会社で専門的な理系の知識が

必要な業務なのに、文系の人材を採用してしまう、英語を使って商談をしなければならないポジションなのに、ビジネスに必要なレベルの英語がまったくできない人材を配置してしまう、ということです。そうならないように採用時に選考基準を明確にする必要がありますが、社会情勢の変化の中で、同じ職種でも求められる専門性や知識・スキルレベルが大きく変化してしまう場合もあります。

　確かに、企業内教育は業務に必要な知識・スキルを学ばせるという手段ですが、教育でカバーする範囲をできる限り小さくしておくためには、採用時点の選考基準で、できる限りギャップを小さくしておくことに越したことはありません。そもそも研修やeラーニングなどで、個人の能力をカバーできる範囲にも限界がありますし、時間もかかります。

　企業内教育は"ラストワンマイル"を埋める手段をすべき、採用時点での「入口」の見極めが重要になります。

結果、インセンティブ、報酬

「結果、インセンティブ、報酬」は、人事的な領域になります。ビジネスゴールにつながる行動をとった、すなわちパフォーマンスゴールを実現したら、それがしっかりと報酬や人事考課につながる仕組みがないと、社員のモチベーションは低下してしまうのです。

　インセンティブには大きく2つあります。1つはボーナスや昇給、ポジションなどの外的報酬で、もう1つは行動に対して、上司が褒める、認めるといった内的報酬です。これらは仕事のやりがいにもつながりますから、しっかり担保されていないとネガティブになり、パフォーマンスゴールに向かうことが困難になってしまいます。

ただし、外的報酬はバラまけばいいというものでもありません。それがないと行動しなくなってしまう、ということを避けるためにも、しっかりと設計し、適切な報酬を適切なタイミングで与えることが肝要です。

さて、ここまで「スキルと知識」以外の5つを解説してきましたが、この6つの中で「個人の知的能力」や「報酬」は、組織全体や制度を含めた改革が必要になるため、一筋縄にはいきません。
　対して「環境的な支援と資源、ツール」と「構造／プロセス」「データ、情報、フィードバック」に対する介入策は、ステークホルダーと協力することで比較的手を付けやすいものとなります。

　まずは「環境的な支援と資源、ツール」「構造／プロセス」「データ、情報、フィードバック」の部分で問題を解決できないか、営業部門やマーケティング部門などのステークホルダーと一緒に、ディスカッションをしてみてください。

教育的介入策は最終手段の"ラストワンマイル"

　組織のビジネスゴールにつながるパフォーマンスゴール（成果と行動）を捉えること、社員のパフォーマンスに関わる問題のすべてを教育的介入で解決できるわけではないということ。この2つが、本章でお伝えしたいことです。
「研修をもっと良くすることで社員のパフォーマンスの問題を解決したい」と悩んでいる研修担当者が、私たちのもとに相談にたくさんいらっしゃいます。しかし、研修やeラーニングをしたからといって、問題のすべてを解決できるわけではなく、むしろ全体の2割程度にしか効果を発揮しないということを、研修部門、ひいては事業

部門や経営者は理解しておく必要があります。

　また、パフォーマンスゴールが曖昧な状態では、現場で起きているパフォーマンスの問題を正しく把握することができませんから、組織全体でしっかりと考えていく必要があります。

　社員のパフォーマンスにおける問題が明らかになると、個人の「能力の問題」として責任の所在を捉えられがちです。しかしながら、その背景には社員に対して、業務プロセスが明確に示されていなかったり、パフォーマンスを発揮しやすくするためのツールが整備されていなかったり、求められているパフォーマンスが発揮できているかどうか適切なフィードバックを受ける機会がなかったり、組織側の問題のほうが多く隠れています。少しでも早期にパフォーマンスの問題を解決したいならば、私たちはまずは組織側の問題に目を向ける必要性を、理解しなければなりません。

　私たちは、できる限り教育的介入以外の方法で解決することが、もっとも効率的だと考えています。それこそが効率よく効果的な戦略的教育を実施するポイントであり、HPIが推奨していることです。教育は一番コストと時間がかかる介入策で、"ラストワンマイル"を埋める最終手段だということです。パフォーマンス分析と原因分析に取り組むことで、「知識とスキル」の部分で解決しなくてはならない範囲は、かなり絞り込むことができます。

　研修設計に取り組む前に、以下の視点で自問自答してみるといいでしょう。

「その研修は現場のどんな問題を解決するのか」
「その問題を解決すると、事業目標にどのようなインパクトを与えるのか」
「教育以外の介入策で解決できる方法はないのか」

Viktoria Kurpas / Shutterstock.com

逆算思考で構築する、
成果につながる教育システム

Chapter 3

Part 01

小さな出入口で考える、学習のグランドデザイン

▼

HPIの全体像が見えてきたら、いよいよ本書のテーマであるIDを紐解いていきます。IDには、すでに触れた「ルーブリック」のほかにも、さまざまな理論や手法があり、そのすべてを紹介するには、1冊では足りないほどです。

この章では、その中からいくつかのスタンダードな理論や手法について紹介します。

まずPart.1ではIDと従来の教育における考え方の違いや、Chapter 2でも触れた「出口から組み立てる」ことの意義を「ID5つの視点とその関係図」「ケラーのISDモデル」を中心に、HPIとIDのつながりを解説します。Part.2以降は、教育の全体設計をする際に取り入れたいID理論、「ガニェの9教授事象」「ARCSモデル」「ID第一原理」の3つを取り上げ、具体的な研修プログラムの構築、実施、効果検証という流れに沿って紹介していきます。

この一連の流れにおけるポイントは、教育的介入におけるいずれの過程でも必ず「評価」が中心にあるということ。

評価というと、最後の最後で実施するものだと捉えられがちですが、IDではプログラム設計時も、学習段階でも常に評価を中心に考えます。

それについてはPart.3で詳しく記述するとともに、評価と育成を分離させないための考え方として、「TOTEモデル」「キャロルの時間モデル」を、Part.4では研修実行後の効果検証について、伝統的な枠

組みである「カークパトリックの4段階評価モデル」を紹介していきます。

ID理論の一部といっても、これだけ多くの手法やモデルがあるわけですから、IDの奥深さを感じるはずです。

それらを具体的にイメージしていただけるよう、本章でも、メーカーの研修部門にいる研修担当者・Aさんの例で見ていきます。

研修や教育に対して、事業部門が抱える不安

HPIを理解し、自分が企画する研修の先にあるパフォーマンスゴール、ひいてはビジネスゴールを把握したAさん。営業推進部門と一緒にヒアリングシートを作成して営業メンバーに配布したのですが、パフォーマンス分析の結果、「顧客との商談時にヒアリングシートの上から順番に質問するだけで、自分たちの提案につながる困り事を引き出せていない社員が約45％いる」という事がわかりました。以前は顧客の課題をヒアリングせずにいきなり製品紹介をしている営業メンバーが全体の60％いたことを思うと改善傾向は確認できたものの、ヒアリングシートを活用する際に「質問スキル」が不足している営業メンバーがいるようです。

この問題を解決するために3日間の「ヒアリングスキル強化プログラム」を企画しました。色々考えて充実した研修プログラムができたと満足し、営業部長にプランを提示してみたところ、こんな疑問を投げかけられてしまいます。

「顧客へのヒアリング力を強化したいとは思うけど、3日間も営業メンバーの時間を確保するのは厳しいな。この類いの研修って、受けたときは『なるほど』と思うんだけど、本当にできるようになって

いるのか、疑問が残るんだよね。『研修は意味ない』って思っている
メンバーもいるし。Aさん自身も結構なリソースをかけて準備する
ことになると思うけど、この研修プログラムにそれだけの投資効果
があると思う？」

　Aさんは、HPIの考え方に基づいて抽出した「知識とスキル」さえ、
全営業メンバーにセットできれば良いと考えていました。
　しかし営業部長は、以下の点を不安視しています。

　・ もっと効率よくスキルを習得できる方法はないのか
　・ モチベーションの低い人にも、有効な取り組みなのか
　・ 本当に目標としているスキルが習得できるのか
　・ この研修プログラムへの投資効果はあるのか

　具体的な研修プログラムを詰めていく以前に、営業部長から問題
提起された課題への対応策を含んだ全体設計を提案しなくてはいけ
ません。

▌「効果・効率・魅力」を高める方法とは？

　確かに現場の責任者にとって、社員がいかに効率よく成長してく
れるか、どれほど効果が出るかが気になるのは当然です。
　効率的かつ効果的な成果を上げるためには、営業部長の指摘通
り、なんといっても受講者のモチベーションが鍵を握ります。「自
分には関係ない」というスタンスで研修に参加されても、良い効果
は期待できません。受講者自らが積極的に参加したいと思うような、
ゴールへのロードマップを描くグランドデザイン（全体設計）の提案
が不可欠ですが、Aさんはどのようにしたら良いのでしょうか。

　そんなときに役立つのが、IDなのです。IDとは、「何を（What）できるようにするのか」を明確にしたうえで、「どうやって（How）できるようにするのか」をルールに基づいて体系的に考えることにより、効果的・効率的・魅力的な研修プログラムを設計するための方法論です。

　では研修の「効果・効率・魅力」とは、一体どのようなものなのでしょうか。

「効果」とは研修が受講者個人と組織、双方の成果につながること。せっかく研修を受けても期待する内容と違ったり、学びが成果につながらなかったりすれば、"意味のない、ただのお勉強"になってしまいます。これは受講者にとってはもちろん、研修を提供した人にとっても非常に残念なことであり、組織にとっては大きな損失です。

　効果を出すためには、受講者が学んだ知識・スキルを「習得」して、それを実務で「活用」し、その上で組織が求める「成果」と教育内容と関係性を「確認」する必要があります。

「効率」とは必要な内容に絞って、今あるリソースを活用できるように教育の全体設計を工夫して、最大限の成果を狙うということです。IDでは教育提供側も受講者側も、時間的・物理的な手間をなるべくかけずに成果を追求する「省エネ型」を目指しています。

　特に教育提供側は、ついつい盛りだくさんな内容をつくりがちですが、ビジネスゴールにつながるパフォーマンスギャップの解消につながる本当に必要な内容と対象者を絞り、研修の全体設計を立案することが大切です。コンテンツ開発も、できる限りすでにあるものを有効利用し、デザインを工夫することが求められます。

　そして受講者が「もっと学びたい！」と感じ、継続するための要素

が教育の「魅力」となります。どんなに効率良く効果が出る内容であっても、やらされ感があるものは長続きしません。受講者に継続動機を与え、「今まさに困っている、あの問題が解決できる！」「できなかったことができるようになった！」という、達成感を与えることが教育における魅力です。組織、教え手、学び手の三者にとって魅力的な研修であることが、重要です。

「教える内容」と「教え方」を切り分けて考える

欧米では当たり前に、IDが企業内教育や高等教育のOSとして取り入れられていますが、日本の企業内教育においては、以下のような教育形式の企業が大多数です。

> ・ 積み上げ式の教育
> ・「経験・勘・度胸（K・K・D）」による教育
> ・「得意な人・詳しい人」が教える教育

積み上げ式の教育については、学校教育のように知識やスキルを体系的に、順番に沿って教えていくものを指しますが、必要な人に必要な部分だけ学習させるような、「出口」から組み立てる逆算思考の設計はまだまだ少ないのが現状です。

加えて、教える内容について「詳しい人」が、自身の「経験・勘・度胸（K・K・D）」で教育している事例も多くあります。

例えば「ナンバーワンセールスが教える、成功する営業の秘訣」といったテーマで実施される営業スキルアップ研修。その業界のトップセールスが講師として登場し、自身の経験とテクニックを披露するという、よく見かけるスタイルです。

このような“教える内容の専門家”をSME（サブジェクトマターエキス

パート)といいます。SMEの知識や経験は大事な学習のリソースとなりますが、「教え方」についてのノウハウは別の問題です。

　IDでは「教える内容」と「教え方」を切り分けて、「○○ができるようになるためには、何をどの順番で学ぶべきなのか」「どんな練習をすれば、できるようになるのか」ということを考えて研修を設計します。効果的な研修設計のためには「教える内容」と「教え方」、両方の要素が必要ですが、それらは切り分けて考えなくてはなりません。なぜなら、両者は専門性が異なるからです。したがって、内容の専門家であるSMEと、教え方・学ばせ方(ID)の専門家であるインストラクショナルデザイナーがペアとなって研修を設計することが重要だといえます。

　日本における「教える内容」と「教え方」を切り分けて考えられない問題は、「研修」と「セミナー」が一緒くたにされがちな事象にも表れています。「セミナー」はあくまでも情報伝達手段の1つであり、何かを「できる」ようにする責任を負いませんが、研修は受講者を「できる」ようにする責任を負っています。

　つまり、セミナーは"教える内容の専門家"をSMEが登壇するだけでも成立しますが、研修は受講者を「できる」ようにするため「設計」が必要になるということです。IDは教え方の方法論ですが、まずは「教える内容」と「教え方」を切り分ける思考法にスイッチするところからスタートにします。

　とはいえ、これまで積み上げ式やK・K・Dの教育を受けてきた研修担当者にとってみれば、「教える内容」と「教え方」を切り分けて、システムで捉えることはなかなかチャレンジングに感じるかもしれません。そんなときは、ID「5つの視点」で研修設計を捉えるところから始めてみましょう。

「ID5つの視点」で全体設計をチェックする

「ID5つの視点とその関係図」（鈴木2008）とは、学習目標・評価方法・教育内容の整合性をとるというIDの基本形から、一歩前進させたものです。

図7 ● ID5つの視点とその関係図

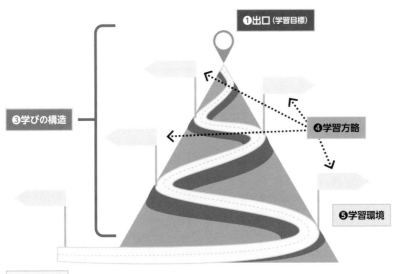

❶出口（学習目標）: 受講者は何が「できる」ようになったら研修は成功といえるのか、評価方法は妥当か。

❷入口（現状）: 受講者にはどんな特徴があり、その特徴に沿ったものになっているか。

❸学びの構造: 入口から出口に到達する間に何があるか（構造化・系列化）。

❹学習方略: どのように学ばせれば、できるようになるのか。（情報提示＋アクティビティ・学習活動＋評価）

❺学習環境: 適切なメディアが選択され、学習のサポート体制があるか。

出典：鈴木克明 根本淳子（2005.12.1）講演配布資料をもとに著者が一部変形

　これら5つの視点で研修設計全体を捉えることによって、大人の学びに適した「入口」から「出口」に到達するための効果的・効率的・魅力的なデザインになっているかをチェックすることができるのです。

「①出口（学習目標）」は、研修の学習目標を設定し、その達成をどのように評価するかを定義します。
　ここでは、研修の成果を具体的かつ測定可能な学習目標で明示し、受講者が研修を経て何を学び、何が「できる」ようになるのかを事前に明らかにします。

　研修における成果は、研修の参加者数や実施回数ではなく、受講者がどんな知識やスキルを習得したのか、学んだことを職場で活用することができたのかを、学習の成果として捉えます。
　つまり「出口」を設定するには、学習目標の評価方法をセットで考える必要があるわけです。

　評価方法は設定する学習目標に応じて、知識テスト、ロールプレイなどの実技テスト、ケースレポートなど、方法はさまざまあります。ただ、いずれにしても、受講者に対して評価方法をあらかじめ共有することが、研修の「出口」を明確に合意する方法として、もっとも推奨されています。

「出口」は研修設計における、すべての起点となるため、研修担当者がもっとも悩むポイントになります。
　そんなときは、第2章で紹介した「ルーブリック」（49ページ）を活用することができるのです。ルーブリックをパフォーマンス分析フェーズで作成しておくことで、「商談ロールプレイで、商談スキ

ル・ルーブリックの○○と△△の項目を4点にするための研修です」
というように、「出口」の設定と共有をかなりしやすくなります。

　学習目標を設定したら、「②入口（現状）」の把握を行います。ここ
では、研修開始前における受講者の知識やスキルレベルを把握し、
研修内容を受講者に合わせて調整します。

　研修の成否を握るのは「出口」設定と合わせて、「入口」の選定です。
限られた時間やリソースという、さまざまな制約条件下で研修プロ
グラムを提供しなければなりません。
　その中で受講者のレベルが揃っていないと、効果的な研修を実施
することはいばらの道となります。
　効率良く、効果的な研修を実施するためにも、研修の対象者を明
確にして参加資格を設けることで、効果的に学習成果を最大化する
ことが可能となるのです。

　入口となる受講者の前提知識・スキルを把握する方法としては、
事前テストがあります。
　これによって、研修で扱う内容に対して受講者が持っている前提
知識やスキルのレベルを明らかにし、研修プログラムを個々のニー
ズに合わせてカスタマイズするための基盤を提供します。

　ここでも「商談ロールプレイで、商談スキル・ルーブリックの○○
と△△の項目が3点の方を対象とする」といったように、ルーブリッ
クを活用することができます。

　事前テストの時点で、すでにルーブリックの○○と△△の項目が
4点のレベルにあるなど、出口をクリアしている場合は、その研修の

受講対象外になるわけです。

　あるいは、ルーブリックの○○と△△の項目が2点のレベルにあるといった具合に前提条件を満たしていない場合は、研修の受講対象から外すという判断をすることができます。

　もし、そのような対応が難しい場合には、事前に3点レベル相当の補完学習を受けてもらうという受講条件を設定するなどして、できる限り「入口」を整えることが肝要です。

　出口と入口を設定できたら、学習目標の達成に向けた学びの道筋を整理します。これが「③学びの構造」です。

　入口から出口へ到達する間にある「構造」を要素と順番で捉え、受講者が入口から出口まで、どのようなステップを踏み、進んでいくのかを整理します。

　そもそも出入口のギャップが小さければ、その間にある「構造」の要素は1つだけ、ということもあるかもしれません。ただ、企業内教育を必要としている場合、そんなに単純ではないことのほうが大半です。

　入口と出口の間にある要素を抽出し、その前後関係を洗い出して「構造」を明らかにします。そして、研修を構成する各セッションやモジュールを、明確な目標に向かって効率的に進められるよう、ロードマップを作成します。

　長期間にわたる研修では、このロードマップが受講者にとってのガイドラインとなり、学習の進捗を自己管理するのに役立ったり、上級者は自分に必要な部分だけを選択して学習したりすることも可能となるのです。

　その上で、受講者を「できる」ようにするために、どのように学ば

せるのかという「④学習方略」を考えていきます。ここでは、研修の構造で定めた内容をどのように教え、受講者にどのような体験を提供するかを考えます。

　この段階で役に立つIDの理論は数多くあるので、Part.2（82ページ）で代表的なものを紹介します。

「④学習方略」は、「③学びの構造」で抽出した要素ごとに「情報提示＋アクティビティ＋評価」という3つの要素を組み込んでいくことがポイントとなります。

「情報提示」とは学ぶ内容のことですが、理論だけでなく事例を豊富に用いることが推奨されています。

　そこで学んだことすぐに使う場として「アクティビティ」があります。情報提示、つまり理論や事例を解説するだけで終わってはいけないということです。

　そして、次のセクションに進む前に、「評価」で出口チェックを行います。「評価」はアクティビティに対するフィードバックとして実施されることも多いと思いますが、いずれにしても失敗を気にせず練習できる場をつくり、最終的には成功して自信をつけられるようにします。

　こうしたステップを踏んで受講者が集中して学び、研修の成果を最大限に引き出せるようにするため、必要となるのが「⑤学習環境」です。

　研修方法にはeラーニングから対面研修まで、多種多様な選択肢があります。どの形式が成果を出すためにもっとも適切なのか、研修の目的と受講者ニーズに合わせて、メディアを選択するのです。

　例えば、実技を必要とする研修では、対面式のワークショップが適しているかもしれません。一方で、理論的な知識の習得には、eラーニングなどのオンライン学習プラットフォームが効果的な場合があります。さまざまな形式を組み合わせて提供するブレンド学習のアプローチは、受講者に最適な学習体験を提供する良い例です。

　さらに、受講者が研修外でも自身で学びを続けられるように、自習用の資料やオンラインリソースの提供も重要となります。

　また、サポート体制の整備も環境における重要な部分です。受講者が研修中に直面する可能性のある問題を想定し、それに対応するためのリソースや、質問に答えて学習を促進させるサポートチームを用意しておくことが、学習体験をより向上させます。
　学習の主導権を受講者に委ねるアプローチを選択する場合は特に、これらのサポート体制が受講者の自律性と責任感を育むために、不可欠となるのです。

　しかし、そもそも出口と入口の設定が不十分だと、必要なスキルが身につかなかったり、現状のスキルレベルに教育内容がそぐわなかったりと、適切な研修設計が難しくなってしまいます。
　繰り返しになりますが、まずは出口から考えることが、積み上げ式にならないためにも必要な条件なのです。

　評価についてはPart.3（95ページ）で詳しくお伝えしますが、先に少し触れておくと、重要なのは「研修の内容を練り込む前に、あらかじめ評価方法を決めておく」ということ。
　学習目標とセットで評価方法をあらかじめ確定しておくことで、適切な学習方略をブレずに組み立てることができます。

「アダルトラーニング」は"問題"を中心に捉える

効率的かつ効果的な教育を実践するための考え方、2つ目が「アダルトラーニング（成人学習理論）」です。IDでは「大人の学び」と「子どもの学び」は、大きく異なるといわれています。

子どもの学びとは、みんなで一斉に学ぶ学校教育のような方法です。子どもは依存的で経験値が少ないので、教育者が正解と道筋を用意すれば、とりあえずその通りに学ぼうとします。

一方で、大人は学びを強制されることを嫌がり、自分で決めたいと考えますし、目的が明確でない学びはやりたがらない人が多いのです。それは自身である程度の経験を積んでいて、失敗も成功も味わっているという、自信や自律心からくるのかもしれません。

そのため大人の場合は、実際に起きている問題や、これから直面する可能性がある状況を先に提示して、ロールプレイやシミュレーションでトライさせることがポイントとなります。

自分でやってみて、できないとわかってはじめて「学ぼう」と重い腰が上がってくるわけです。実際の生活や職場での問題などと紐づいてようやく、学びへの動機づけがなされるということで、そうすると現場の行動にもつながりやすくなります。

研修担当者としては、受講者への親切心から丁寧に教えようとするため、ついついわかりきった基礎知識から始めてみたり、本来は必要のない部分まで細かくカバーしたりと、積み上げ式のカリキュラムになってしまいがちです。

しかし、大人の学びは逆なのです。まずは先にやらせてみて、できなかった部分だけ、補完学習に取り組むほうが効率も良く、モチ

ベーションも上がりやすいはず。少々乱暴に感じるかもしれませんが、これが「アダルトラーニング」の考え方です。

ビジネスゴールと紐づく「ケラーのISDモデル」

ここまでのパートで、研修設計を逆算思考で考える重要性について紹介してきました。しかしながら、研修担当者の皆さんのもとには「こんな研修をしてほしい」という、学習内容を指定した研修の依頼がくることのほうが多いのではないでしょうか。

そんなときは、図8のように「ケラーのISDモデル」に沿って、研修ニーズをさかのぼって紐解いていく必要があります。

逆三角形の一番下が、指導内容・方法です。研修の依頼があったら、この図の左側を上流にたどり、そもそも職場でどんな行動を求めていて（パフォーマンスゴール）、そこにどんな問題が起きているの

図8●ケラーのISDモデル

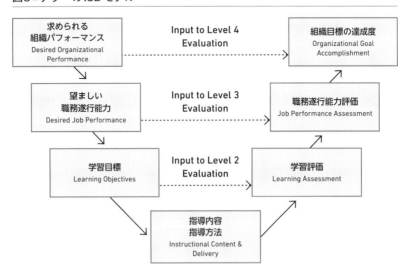

か、問題が解消されたら、どんな組織ニーズ（ビジネスゴール）を満たすことができるのか……という、「なぜその研修が必要なのか？」ということを明らかにします。このポイントを事前に明確にしておけば、その裏返しが逆三角形の右側にある「教育評価」、つまり「出口」設計になるのです。

「学習目標を明確にする」ための3要素

ここから、より具体的なID理論に入っていくにあたり、もっとも重要だとお伝えした「学習目標」設定方法の具体的なポイントを、紹介しておきます。

学習目標を解像度高く設定すればするほど、受講者側はもちろん、学びを提供する側も含めた双方が、研修を通して成長した「何ができるようになるのか」を具体的にイメージすることができます。学習目標を明確に設定できれば、その後にある研修設計を組み立てやすくなりますが、曖昧な目標にしてしまうと、その影響を後々まで引きずってしまうのです。

例えば営業部門の教育であれば、次のような学習目標を設定している研修担当者は多いのではないでしょうか。

- 製品情報を理解する
- 顧客視点で提案する
- ニーズを引き出す質問をする

しかし、これだけでは、どの程度まで製品情報を理解すべきなのか、顧客視点とは一体どのような提案か、ニーズを引き出すためにはどのような質問が有効なのか、という観点が足りていません。

　これらの目標は、何ができていれば「学習目標を達成した」といえるのかが明確でないのです。このように目標が曖昧だと、教える内容も曖昧になってしまいます。

　そうならないためには、「学習目標の明確化」における3要素、目標行動、評価条件、合格基準に基づいて、以下のようにチェックしてみてください。

〈チェックポイント〉
①目標行動：受講者の"行動"目標を表す

> **NG** 目標に曖昧な動詞を使っている
> → 製品情報を理解する
> **OK** インプットの動詞ではなく、アウトプットの動詞を使う
> → 自社製品が持つ他社との優位性を正しく説明できる

　「○○に気づく」「○○を理解する」といった、知識やスキルのインプットを表す動詞は、実際にその知識や技能が身についているかが判断しにくいので、「観察可能な行動」で表現してください。
　「記述する」「区別する」「生成する」「実演する」など、知識やスキルのアウトプットを表す動詞が該当します。

②評価条件：目標行動が評価される条件を明らかに示す

> **NG** 目標に評価条件が含まれていない
> **OK** 資料参照の有無など評価条件を加える

　評価条件とは、目標を達成できたかどうかを判断する際に前提となる条件のことです。資料参照の可否、使用するツールの制約、既

知・未知の事例かなどによって、目標達成の難易度や必要なスキル
は変わります。そのため「評価条件を加える」ことで、目標がより明
確になるわけです。評価条件は、職場で求められる行動に合致させ
ることがポイントです。「自社製品が持つ他社との優位性を正しく
説明できる」で考えてみます。

NG 自社製品が持つ他社との優位性を正しく説明できる

OK 未知の購買意思決定者に対して、資料を見ながら、自社
製品が持つ他社との優位性を正しく説明できる

---

③合格基準：合格基準を示す

最後のポイントは、「何をもって目標を達成できたと判断するか」
という合格基準が設定されているかどうかです。

目標達成の合格基準が明示されていないと、今回の研修ではどの
レベルまで求められているのか、受講者にとって不明確であること
はもちろんですが、複数いる研修担当者間でも認識の齟齬が起こる
ことにつながります。「ここまでできていたらOK」というチェック
リストを作成したり、ルーブリックなどの評価指標を用いたりして
「合格基準を明確にする」必要があるのです。

NG 合格基準を明確に定めていない

→ 購買意思決定者に対して、資料を見なくても自社製品が持つ
他社との優位性を正しく説明でき、チェックリストの8割以
上を満たすことができる

OK 点数など合格基準を明確にする

→ 未知の購買意思決定者に対して、資料を見なくても、自社製
品が持つ他社との優位性5つを正しく説明でき、チェックリ
ストの必須項目すべてを満たすことができる

　このNG例は一見、合格基準が設定されているように見えますが、チェックリスト内の重要な項目ができていなくても「合格」になってしまう可能性があります。つまり、合格基準は合計点ではなく、重要な必須項目と、そこまで重要でないオプション項目に分けるなど、目標に応じて合格基準の明確な線引きを整理する必要があります。

　例えば、クライアントに対して初めて、自社紹介のプレゼンをすることを想定した場合、目標行動、評価条件、合格基準の3要素にしたがって、次のような学習目標ができあがります。

---

①目標行動：新規クライアントとの初回商談で、自社の会社概要
　を紹介できる
②評価条件：背景の異なるクライアントにチャレンジ、営業部共
　有の会社紹介用パワーポイントを使用してOK
③合格基準：チェックリストの必須項目をすべて満たし、10分
　以内に紹介できる

　この想定におけるチェックリストの必須項目としては、「冒頭に挨拶が入っている」「説明に誤りがない」「顧客の反応を確認しながら進めている」などが含まれてくるでしょう。

　このように学習目標を作成すると、より具体的に「学んだ結果として何ができるようになるのか」をイメージして考えることができます。
　学習目標として設定するアウトプットの行動、制約条件、合格基準となるレベル感を、日々の業務と合致させて、できる限り段差をなくしていくことで、研修と現場の乖離を起こさない研修設計につながるのです。

Part 02

研修設計に活用できる
ID理論とは？

▼

　ここからは具体的なID理論を活用した、研修プログラムの設計方法について、事例をまじえて紹介していきます。

　Part.1では、研修プログラムの全体設計をチェックする「ID5つの視点とその関係図」、そしてすべての起点となる「出口（学習目標）」におけるルーブリックの活用方法について紹介しました。

　ここからのPart.2では、より具体的な研修プログラムの設計や学習方略に入っていきますが、ここでもルーブリックを活用した事例を紹介していきます。ルーブリックを学習ツールとしても活用することで、研修と職場で求められているパフォーマンスを乖離させない効果はもちろんのこと、「評価」を中心に据えたプログラム設計を実現しやすくなるのです。

　また、研修プログラムを設計するにあたってのヒントとなる、「ガニェの9教授事象」「ARCSモデル」「ID第一原理」という3つの理論について解説します。

　「ガニェの9教授事象」は研修プログラムの構成を考える上での骨子になるもので、「ARCSモデル」は取り組みへのモチベーション促進を考える際に役立つID理論です。「ID第一原理」はその2つを含め、その他にもさまざまあるID理論の共通項をわかりやすくまとめたもの。

　基本となる、この3つを頭に入れておくことで、さまざまな場面で研修プログラムをデザインしやすくなります。

教育のアジェンダとなる「ガニェの9教授事象」

「3時間の研修を、どのようなアジェンダで組み立てるといいのか」

これは研修を設計する際に、多くの担当者が最初に頭を悩ませることではないでしょうか。

そのヒントとなるのが、IDの生みの親であるロバート・ガニェが提唱したモデル「ガニェの9教授事象」です。

ガニェは認知心理学の情報処理モデルに基づいて、「人は、外からどんな働きかけがあると学べるのか」という「人の学びのプロセス」を研究し、9種類の事象に分類しました。これは、研修のアジェンダや教材の構成を考える枠組みとして活用できます。

図9●学びのプロセスを支援する「ガニェの9教授事象」

❶ 導入	新しい学習への準備を整える	1	学習者の注意を喚起する	学習者の頭に入るように注意を向けてもらい、受け入れ態勢をつくる
		2	授業の目標を知らせる	目標を知らせて、学習内容に集中させる
		3	前提条件を思い出させる	これまで覚えている関連事項を想起させる
❷ 展開	2-1) 情報提示（新しい事柄を組み込む）	4	新しい事項を提示する	既習事項との違いや関連性を際立たせながら、新しい事項を提示する
		5	学習の指針を与える	思い出した事項との関係を捉え、意味のある形で助言を与える
	2-2) 学習活動（一旦組み込まれたものの道筋をつける）	6	練習の機会をつくる	身についたかどうかを確認するための練習の機会をつくる
		7	フィードバックを与える	練習に対してすぐにフィードバックを与えて誤りを正す
❸ まとめ	出来具合を確かめ、忘れないようにする	8	学習の成果を評価する	練習とは別に、評価の場を設けて学習成果を確かめる（事後テスト）
		9	保持と転移を高める	忘れた頃に再度触れたり、応用したりする復習する機会を設ける

9つの事象を、大きく「導入」「展開」「まとめ」の3つの段階に分け、それぞれのポイントを説明します。

▎導入：Whyの提示でモチベーションを上げる

「導入」は新しい学習への準備を整えるために、教育を受ける意義を受講者に感じてもらう大切な部分です。何のために研修に参加するのか、教育におけるWhyの部分を具体的に示します。

　ここでは、HPIのパートで取り扱った、ビジネスゴールとパフォーマンスゴールに紐づけて提示することが重要です。

　「導入」には3つの事象があります。1つ目は商談をする際の困りごとなど、"あるある"の事例を示し、「こんなことはありませんか？」と問いかけるといった「注意喚起する（事象1）」こと。

　2つ目は、その"あるある"事例が現場で起きている頻度や売上達成のボトルネックになっていることを伝え、それらを解消するためのトレーニングであると、研修の「目標を知らせる（事象2）」こと。

　3つ目は、ここまでの商談スキル研修で学んできた内容を振り返り、「前提条件を思い出させる（事象3）」ことです。

　この3つの事象において、組織が目指すビジネスゴールと現状のギャップや、その要因となっているパフォーマンスギャップのデータを示すことできれば、「なぜこの研修が必要なのか」を受講者に腹落ちさせるための有効な手段となります。

　加えて、これまでの研修の成果として受講者のスキルレベルはどのように変化しており、どのスコアがどれだけ上がれば、実際の業務にどの程度の効果があるのかがわかれば、研修の目的やゴールが明確になり、参加する意義をさらに感じやすくなるのです。この研

修を受けるとどんな良いことがあるのかという、組織のゴールと受講者にとってのメリットの両方を関連付けて提示することがポイントで、データを用いることで、より説得力が増すわけです。

▋展開：課題に応じた最適なHowを具体的に提供する

「展開」は“学習の進め方”を示しており、新しい事柄に触れる「情報提示」と、自分のものにする道筋をつける「学習活動」の2つで構成されます。この部分は、受講者を「できる」ようにするための学習のメインとなるプロセスですが、ただ学び方のアイデア出しをすれば良いというものではありません。

ＩＤでは、学習目標で設定した「学習課題の種類」に応じて考えなくてはなりません。なぜなら、暗記でいいのか、応用力を求めるのかなど、求める成果によって選択すべき効果的な学習方法が変わってくるからです。

学ばせ方の具体的なヒントとして、ガニェが学習課題の性質を分類し、それらに合わせた指導方法をまとめたものが「学習課題の種類と指導方略」です。これは非常にわかりやすいので、ぜひ参考にしてみてください。

学習課題の性質として、暗記で十分な「言語情報」、応用力を求める「知的技能」、身体を使う「運動技能」、心にアプローチする「態度」に分類し、それぞれの具体的な学ばせ方のヒントを示しています。昨今のビジネスパーソンが抱える学習課題は「知的技能」に分類されることが多いため、応用力を習得するための学習方法を検討する機会が多くなります。

図10●学習課題の種類と学習方略

学習課題	言語情報	知的技能	運動技能	態度
課題の性質と指導方略の特徴	限定されたものを覚える課題のため、**覚えるすべてを提示する必要がある**	ある約束ごとを未知の例に応用する課題のため、**一度使った事例は二度と使わない**	体の一部を動かす／コントロールする課題のため、**練習の積み重ねが大切になる**	自発的に選択する気持ちを持たせるための**材料を多角的に提供する**
指導方略のヒント	クラスター分析に基づいて情報のかたまりごとに分けて、紛らわしいものの見分け方を提案する	階層別分析に基づいて、必要な要素技能ができているかを1つずつ確かめる	手順分析に基づいてステップ一つひとつが実行できるかどうか確かめる	課題分析に基づいて、関連する知識／技能を学習者がどの程度持っているかを確かめる
	語呂合わせ、絵を使ったイメージ作りなどで、新しい情報に意味を持たせて覚えやすくする	なるべく単純な例を使ってルール／概念を説明する	ステップごとにチェックポイントを設け、各ステップが別々に実行できることを確かめてから、全手順を通して実行させる	学習者にとって説得力のある人物／情報源が何であるかを調べ、それを活用する
	学習者が知っている「似たもの」と対比させて、同じところと違うところを比べて特徴を指摘する	場合分けを行って、できたことを確かめながら難易度を徐々に高め、出題の幅を徐々に広げていく	理想的な運動の実演を見て、それを自分に置き換える想像を通してイメージさせる	基礎となる知識や技能の定着をはかり、その大切さを強調する
	「〜のようなもの」という比喩を使って説明する	説明で使っていない例を練習に用い、テストにも別の例を用いる	実演を見せたあと必要ならば補助付きで実行させ、段階的に補助を少なくしていく	他の人がその態度表明によって得られた良い結末を事例として紹介する事で代理経験させる（人間モデル）
	既に知っている／覚えたものとまだ知らない／覚えていないものとを区別して、知らないものや不確実なものを重点的に練習する	練習での誤答にはつまづいた部分（要素技能）だけを取り出して練習させてから、もとのレベルに戻す	全手順が実行できたら練習を重ねスピードや正確さ、タイミングを磨かせる	「この場合はあなたならどうする」式の問題設定をして、良い結果が得られる事を疑似体験させる

まとめ：学びが職場で活用される仕掛けを考える

　最後はでき具合を確かめ、忘れないようにする「まとめ」です。ここでは学習内容を忘れないようにするだけでなく、学んだことを応用し、職場で活用されるような仕掛けを考えることが不可欠です。

　「学習の成果を評価する（事象8）」の方法としては、練習とは別に事後テストを実施します。「保持と移転を高める（事象9）」については、忘れたころにフォローアップメールや動画などを配信して再度触れる機会をつくったり、オンライン形式で実施する短時間のフォローアップセッション企画など、職場における応用や復習の機会を設けたりします。

　ここまで、「ガニェの9教授事象」を研修担当者がどのように活用できるかという観点で解説してきました。研修のアジェンダや教材の全体構成を考える際には、ぜひ「ガニェの9教授事象」を参考にしてみてください。

学ぶ意欲を促すための4要素「ARCSモデル」

「モチベーションが低い人にどう学ばせるか」

　これも、多くの研修担当者が直面する悩みだと思います。いかに受講者へ動機づけるか、それを解決するヒントとなるのが教育心理学者のジョン・M・ケラーが提唱した「ARCSモデル」です。

　教育を魅力的なものにするためのアイデアを整理する枠組みとされており、学習意欲の要因となる4つの要素から、頭文字をとって名づけられています。

図11●研修のアイデアを整理する枠組み「ARCSモデル」

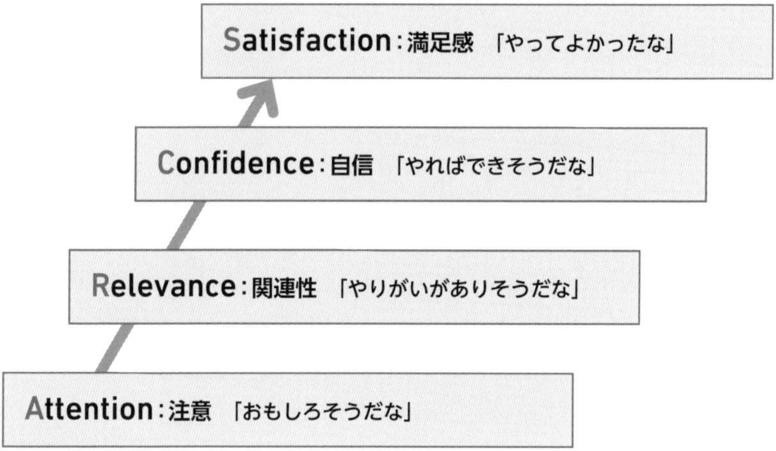

ケラーは学習意欲を高めるためのアイデアを考えるとき、この4
つの側面で考えることを推奨していますが、さらにそれぞれ3つの
視点があります。各視点を活かす、具体的な工夫例を紹介します。

①Attention：注意「おもしろそうだな」
〈A-1〉知覚的喚起：目をパッチリ開ける

例1 研修案内を数分間の動画にして、受講者が「参加してみた
い！」と思えるようなものにする。

例2 研修プログラムのネーミングや研修テキストのイラストなど、
オープニングを工夫し、注意を引く。

〈A-2〉探求心の喚起：好奇心を大切にする

例1 「Aさんは成約し、Bさんは失注しました。要因は何でしょう
か？」と謎をかけ、解き明かしながら研修を進める。

例2 ハイパフォーマーにインタビューして聞き出したエピソード
を混ぜて、研修内容の奥深さを知らせる。

〈A-3〉変化性：マンネリを避ける

例1 学習内容の全体構造がわかるマップや工程表などをつける。

例2 1つのセクションを短めに抑え、「説明を読むだけ」の時間を
極力短くし、クイズやアクティビティで変化をつける。

②Relevance：関連性「やりがいがありそうだな」

〈R-1〉親しみやすさ：自分の味つけにする

例1 受講者の実務に沿った事例やイラストなどで具体性を高める。

例2 講義内容を受講者が自分の言葉で「つまりどういうことか」
をまとめてチャットに書き込み、振り返る時間をつくる。

〈R-2〉目的指向性：目標を目指す

例1 研修のゴールを達成する有用性や意義を、求める成果や行動
と紐づけてメリットを強調する。

例2 受講者が能動的に取り組めるよう、自分で目標を設定させる。

〈R-3〉動機との一致：プロセスを楽しむ

例1 受講者が自分の得意な、やりやすい方法で実施できるように、
活動方法の選択肢を広く設け、選べるようにする。

例2 チームで協力してスコアを競うようなゲーム的要素を入れて、
研修自体を楽しめる工夫を盛り込む。

③Confidence：自信「やればできそうだな」

〈C-1〉学習要求：ゴールインテープを張る

例1 テストの予告や合格の条件、基準をルーブリックで提示し、
何ができたらゴールインとするかをはっきり具体的に示す。

例2 受講者が現在できることとできないことをルーブリックで提
示し、ゴールとのギャップを確認させる。

〈C-2〉成功の機会：一歩ずつ確かめて進む

例1 他人との比較ではなく、過去の自分のルーブリックのスコアと比較して何が伸びたか、進歩を確かめられるようにする。

例2 受講者のチャレンジを賞賛する場づくりをして、安心して失敗できる

〈C-3〉コントロールの個人化：自分で制御する

例1 失敗した場合に、受講者自身がうまくいかなかった点を自己判断できるよう、ルーブリックを活用する。

例2 練習をいつ終わりにするのかを受講者自身に決めさせ、納得がいくまで繰り返せるようにする。

④ Satisfaction：満足感「やってよかったな」

〈S-1〉自然な結果：無駄に終わらせない

例1 努力の結果がどうだったかを、目標に基づいてすぐにルーブリックでチェックできるようにする。

例2 本当に身についたかどうかを確かめるため、職場に戻って営業所内に展開するなど、誰かに教える機会をつくる。

〈S-2〉肯定的な結果：ほめて認めてもらう

例1 困難を克服して目標に到達した受講者に認定証を交付する。

例2 できて当たり前ではなく、受講者が誇りを持てるように、上司や講師からコメントをつける。

〈S-3〉公平さ：自分を大切にする

例1 目標、練習問題、テストの整合性を高め、終始一貫性を保つ。

例2 練習とテストで、条件や評価基準をルーブリックに揃える。

※出典：鈴木克明、2002より著者が一部変形

　これらは研修を設計する際のヒントとなるものですが、ARCSモデルは設計者側だけでなく、受講者自らが意欲を持って取り組むため工夫としても使えるものです。

　例えば、「①Attention：注意」の「探求心の喚起」は「不思議さから好奇心を刺激する」ものですが、研修担当者側が受講者に謎をかけて、解き明かしながら研修を進めること以外に、受講者自身が自分のアイデアを積極的に試して確かめたり、自分で応用的な事例問題をつくって解いてみたりするなど、工夫することができるでしょう。

　特に「②Relevance：関連性」の「動機との一致」における「自分の得意な、やりやすい方法でやるようにする」といったことは、受講者側で考えるべき工夫ともいえます。

　そのため、研修を実施する前に、受講者へあらかじめARCSモデルの考え方とその方法、具体例を紹介しておくのもお勧めです。
　研修担当者が毎回あれこれと工夫しなくても、受講者自身がやる気をコントロールできる人になるよう促していくことが、もっとも有効な方法だからです。

最新ID理論に共通する5つの要素「ID第一原理」

　「ガニェの9教授事象」「ARCSモデル」などをはじめとする、数多くのIDモデルや理論に共通する原理を整理したのが、インストラクショナルデザインとテクノロジーを専門とするアメリカの教育研究者であるM・デビット・メリルです。
　彼が提唱したのが「ID第一原理」であり、重要なポイントがわかりやすくまとまっています。

図12●効果的な学習環境を実現する「ID第一原理」

	ID第一原理	事例：営業職
01 **問題** (Problem)	**現実に起こりそうな** **問題に挑戦する** 現場で起こりそうな「問題」を提示して現実的な問題に取り組ませ「役に立ちそうだ！」「是非やってみたい」と思わせる	今現場で起きている競合メーカーのトーク事例を紹介する
02 **活性化** (Activation)	**すでに知っている知識を** **動員する** 導入で提示した「問題」を解決するために正解を教えず、「あなたならどうする？」と問いかけ、「解決するためには今のままでは不十分、新しい知恵が必要だ！」と気づかせる	グループワークで競合メーカーのトークに対して対応策を練ってもらう
03 **例示** (Demonstration)	**例示がある** 〈Tell me ではなく Show me〉 新しく学ぶことについて能書きを語る(Tell me)のではなく、具体例を見せる(Show me)	十分なディスカッションがされた後に、対応策の事例(Good Case と Bad Case)を提示する
04 **応用** (Application)	**応用するチャンスがある** 〈Let me〉 これまでに提示した事例とは違う事例を示し、「やってみよう！」と思わせ、練習する機会をつくる。練習中の失敗に対して、どこでどう違ったのか適切なフィードバックをして学びを深める。	競合メーカーからの別のトーク事例を示し、同様にグループで対応策を議論させ、応用力をつけていく
05 **統合** (Integration)	**現場で活用し、** **振り返るチャンスがある** 学んだ事を現場で活用し、学びの成果を振り返って省察するチャンスを設ける	研修で学んだ2つの事例を基に、ターゲット顧客で実施するアクションプランを立てて実践する。結果については次回の営業所会議で共有する。

　ここでもやはり、積み上げ式ではなく、現実に起こりそうな問題を受講者に提示して挑戦させるところから始まります（01.問題）。

　積み上げ式に慣れてしまっていると、応用から始まることに戸惑う人もいるかもしれません。しかし研修を、現実にありそうな問題や実際の業務と結びつけやすいので、「なぜこの研修を受ける必要があるのか？」と疑問が生じることはなくなります。

　導入で提示した問題に対して、「あなたならどうする？」と問いかけます。受講者の今ある知識を動員させ、自分だったらどう対処するかを考えさせるのです（02.活性化）。この時点で的確な解決策が思いつくなら、学習目標はクリアしているわけですから、提示された問題に対する教育は不要となります。

　もし、対処できない場合は、解決に必要な知識や情報を単に説明するのではなく、具体的な事例をベースに提示します（03.例示）。

　そして、事例を解説するだけでは身につかないので、学んだ内容を別の事例にチャレンジするパートをつくります（04.応用）。

　ここでは失敗がつきものですから、安心して失敗できる場づくりを心がけます。むしろ、失敗して、その原因を振り返ることができれば、より深い学びにつながります。研修担当者はチャレンジを見守り、受講者自身では気づけない間違いをフィードバックすることが肝要です。

　最後に、学んだ内容を現場で活用して振り返るチャンスを設けます（05.統合）。学びと実務を「統合」するということです。学んだことを実際の業務に活かしながら振り返る経験を経て、より理解が深まり、初めて「身についた」といえます。ここは職場に戻ってからの話になるので、上司によるコーチングが活用できる部分でもあります。

　そのためには、上司が学ぶ内容を理解している必要がありますが、コーチングを通じて学びの成果を定期的に振り返ることで、自律的な学び手に育つことが期待できます。

　また、「01.問題」「02.活性化」はガニェの9教授事象の「導入」部分や、ARCSモデルの①Attention：注意（おもしろそうだな）に相当します。
　このように、ID第一原理はさまざまなID理論を統合した考え方なので、これを習得することでIDへの理解がより一層深まるはずです。

　いずれのID理論においても大切なのは、以下の3点です。

- ・ 問題から入っていく
- ・ 積み上げ式ではなく事例で学ばせて応用できるようにする
- ・ 研修中だけでなく、職場で活用するところまで設計する

　ここが「学校教育」と「大人の学び」で大きく異なる点です。

　ID理論を使って研修プログラムを設計したら、あとは実行に移すのみです。
　ここで注意しておきたいポイントは、本パートの最初でも述べたように、研修設計を考えるときはもちろんのこと、プログラム進行中も、職場で求められるパフォーマンスゴール、その先にあるビジネスゴールと紐づけることです。

　「ルーブリック」を取り入れることで、格段にこの紐づけがしやすくなりますので、学習ツールの一部として、ぜひ活用してみてください。

Part 03

[評価とフィードバックの数が、学習効果を高める]

▼

「評価」と聞くと、すべてが終わってから最後に実施するテストや査定などをイメージする方が多いのではないでしょうか。IDにおける「評価」は、必ずしも教育の最後に行うものではありません。

研修やeラーニングなど、さまざまなプログラムを進行している中、要所要所で学習の進捗を確認してフィードバックすることが、受講者が効率良く成長していくための秘訣であり、学習効果を高めるためのソリューションそのものになるのです。

本パートでは評価とフィードバックの意義、そして評価の位置づけを示している「TOTEモデル」、プログラム進行中の"評価"で受講者の習得度にバラつきがでたときのヒントとなる「キャロルの時間モデル」について説明していきます。

▍「評価」こそプログラムの中心。出し惜しみしない

人が何かをできるようになるためには、新しい情報を学ぶことと合わせて、アウトプットに対するフィードバックを受けることも必要です。そして適切なフィードバックは、評価なくしてできません。

何か新しいことにチャレンジしたあと、それがどの程度うまくできたのかという評価によって、目指すゴールとのギャップを認識することができ、そのギャップを埋めるためのフィードバックを受けることで成長することができます。

つまり、「評価」は研修の最後だけでなく、もっと手前から出し惜しみせずに活用しないと、もったいないということです。

　まず、研修プログラムを始める前に評価し、現状を把握する。そして途中にも評価をはさみ、その度にフィードバックをするという介入策を入れることで、人は行動変容を促され、成長していきます。

　研修担当者や職場の上司、先輩が、どこまでできているかというフィードバックと、できていない部分を構造的に指摘するフィードバックの両方を、教育の過程で伝えていかなければなりません。そうすることで受講者は自らの学びを修正し、ゴールへと近づくことができるのです。

　ところが、評価と教育は「別のもの」と考えている研修担当者は非常に多く、この評価とフィードバックの部分を研修プログラムの途中に置かず、最後にだけ実施しているケースが少なくありません。

　Part.1でも、はじめに評価を行うことにより、適切な教育内容の設定が可能になるとお伝えしました。加えて受講者としても「自分は○○に課題があるから、××に関する研修を受講しよう」と研修の意義を感じることができます。同じくPart.1でお伝えした「IDの5つの視点」の中でも、「④学習方略」のアクティビティのあとに「評価」が入っています。これも、評価が教育の過程において介入策の一部だという考えからです。評価は研修プログラムの「中心」に据えて、行ったりきたりするものなのです。

合理的な評価設計を組み込む

　研修プログラムにおける「評価」の活用方法や位置づけを理解する際、参考となるのが「TOTEモデル」です。「ゴールに達したかどうか」を確認しながら研修を進めることが大切なのは、ここまで説明した通りですが、「TOTEモデル」はそれを図式化したものです。

図13◉ゴールに達したかを常にチェックする「TOTEモデル」

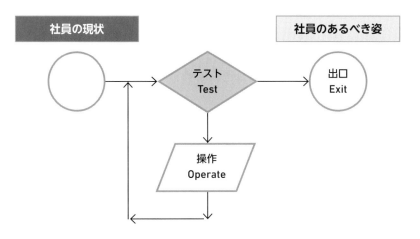

ある作業を行う前に、まず、すでに目標が達成されているか
どうかをチェックし（Test）、すでに達成されている場合は作業を
しないで抜け出す（Exit）、目標が達成されていないことが判明し
たら、その目標に向けてある一定量だけ作業を行い（Operate）、再
び目標が達成できたかどうかをチェックする（Test）というもので、
Test→Operate→Test→Exitの頭文字をとって「TOTE（トート／トーテ）
モデル」といわれています。

　ここでのポイントは「評価」が中心にあり、「すでに達成している
場合は作業をしないで抜け出す」こと。このシステムでは、教育に無
駄な時間をかけなく済み、もっとも効率化を図れることになります。
とりあえず教育を受けるのではなく、本当に必要な人にだけが研修
を受講するという点で、事前に評価することは大変重要です。
　例えば、病院では診断してから必要な治療をするように、教育も
そうあるべきなのですが、研修前の「評価」を実施しているケースは
多くありません。

TOTEモデルに沿って「営業メンバー向けの商談スキルに関する研修」を行った場合を考えると、以下のようになります。

- 研修前にロールプレイを行い、ルーブリックで評価する (Test)
- 完璧にできていた場合は、それで終了 (Exit)
- もし、まだ不完全であれば、不足していたパートの練習をしてもらう (Operate)
- もう一度ロールプレイを行い、ルーブリックで評価する (Test)
- その結果できなければ、何度でも繰り返す (Operate)
- そして、最終的にできたら、終了 (Exit)

1回目でできる人もいれば、何回も繰り返してできるようになる人もいます。なかには、何度もチャレンジすることを失敗と捉えて、「恥ずかしい」と感じる人もいるかもしれません。

しかしながら、TOTEモデルは「できるまでチャレンジし続ける」という、何回もチャレンジすることが前提の考え方ですから、受講者自身もこのことを理解している必要があります。

組織としても、チャレンジをした受講者を賞賛し、応援する姿勢を示す必要があります。

「評価」で受講者間のバラつきが判明しても怯えない

研修プログラムの最初や途中で「評価」を実施すると、受講者間で学習の進捗に違いがあることがわかります。そんなときはどうすべきか、悩む方も多いのではないでしょうか。

もっともシンプルな解決策は、受講者がつまずいている課題ごとにグルーピングして対応する、課題別研修を提供することです。

しかしながら、すでにプログラムが進行していて、途中で大きくプログラムを組み変えることが難しいケースも多くあります。

そんなときは次の研修までに、到達していない人を対象にフォローアップを実施して、できる限り受講者のレベルを揃える工夫が必要となります。

このような話を聞くと、「いっていることはわかるけど、現実的にはなかなか難しい」と感じる研修担当者が、多いのではないでしょうか。

確かに、全体のスケジュールがあらかじめ決まっている中で、別途、課題別に受講者を振り分けて、追加のフォローアップ研修を実施することは、かなりハードルが高いと感じるかもしれません。

しかし、そこには工夫の余地がたくさんあります。フォローアップの方法は、補講研修以外にもたくさんあるのです。

例えば進捗が遅れている受講者の中には、必要な前提知識が不足している場合があります。それならば、次の教育をスタートする前にeラーニングで知識を補完しておく、といったことが方策として考えられます。

あるいは、受講者の上司の力を借りて、キャッチアップが必要なパートを1on1でフォローアップしてもらうという方法もあります。

いずれにしても、問題を切り分けて対応できるバリエーションを、できるだけ多く用意しておくことをおすすめします。

もちろん研修設計の段階で、できる限り入口を揃えておくことは大切です。

ただ、そこに加えて、受講者のフォローアップ体制をあらかじめ

全体設計に組み込んで、スケジュールや予算を設定しておけば、問題は少なくなります。

「ID5つの視点とその関係図」の「⑤学習環境」の中に「サポート体制」がありますが、まさにこのことを指しているのです。

┃ 習得度のギャップを考える「キャロルの時間モデル」

学校の授業でも会社の研修でも、同じように教えていても、人によりバラつきが生まれます。「理解の速い人・すぐできる人」と「理解の遅い人・なかなかできるようにならない人」との差が生まれてしまうのは、よくあることではないでしょうか。

企業においても、1時間のトレーニングでできる人もいれば、同じことに3時間かかる人、あるいは1カ月かけてもできない人がいるかもしれません。その場合、つい受講者個人の資質や能力の問題と捉えてしまいがちです。そうなると受講者自身も「自分には資質がない、能力がない」と思い込み、学ぶことをあきらめてしまいますし、研修担当者も自身が企画したプログラムを工夫する余地をなくしてしまいます。

そんなときに思い出していただきたいのが、受講者間における習得度のギャップ解消に向けた、工夫を考える参考となる「キャロルの時間モデル」です。これは1963年にジョン・B・キャロルが提唱したモデルで、「学校学習の時間モデル」とも呼ばれています。学校教育において、子どもたちに成績の差が出ることを捉えた理論ですが、大人の学びにも適用できます。

この理論では、学習によってできるようになるか、ならないかを、受講者の資質や能力の差によるものではなく、"学習に必要な時間をかけたか否か"であると考えます。つまり、できないのはその人の

能力や資質が不足しているからではなく、できるために必要な時間を使わなかったからである、としているのです。

　ある学習課題を達成するために必要な時間は、受講者によって異なり、それぞれの人に必要な時間さえかければ、誰でもその学習課題を達成できる、という視点で、課題達成の度合いを以下の"学習率"の式にモデル化しました。

　学習率＝学習に費やされた時間／学習に必要な時間

　さらにキャロルは、この学習率の式に影響を与える「5つの要素」を挙げ、学習率を高めるためには「学習に必要な時間（3要因）」を減らす工夫と、「学習に費やされる時間（2要因）」を増やす工夫があるとしています。

〈"学習に必要な時間"を左右する要因〉
1. 課題への適性：これまでの積み上げ量が反映される
2. 授業の質：わかりやすいかどうか
3. 授業理解力：わかりにくさを克服する力
〈"学習に費やされる時間"を左右する要因〉
4. 学習機会：許容された学習時間の長さ。
5. 学習持続力：学習機会を生かすための学習意欲

　例えば、研修資料をアップデートして、よりわかりやすい教材にしたり、eラーニングなどを用いた事前学習と振り返りを設けて学習機会を増やしたり、「ARCSモデル」（87ページ）を活用して学習持続力を高めるなどの工夫があります。

　このように要因ごとにチェックして、学習率を高める工夫を考えてみてはいかがでしょうか。

Part 04

研修プログラムの
実行と効果検証

▼

　ここまでで、「評価」の意義や位置づけをご理解いただけたと思います。研修設計全体の流れは、以下の5つのプロセスで示されています。

---

1. 分析：ニーズ分析による学習目標の設定
2. 設計：学習目標に合致した教育内容の設計
3. 開発：教材開発、学習環境の準備、リハーサルの実施
4. 実施：学習ソリューションの提供と実施
5. 評価：教育内容と学習目標の達成度の評価

　この5つのプロセスは英語の頭文字をとって、ADDIEモデルと呼ばれています。

　Part.1やPart.3でお伝えしたように、どのプロセスにおいても「評価」が関与します。最初に目標を設定し、「評価」を通じて徐々に改善していくことを重要視しているのです。

　しかし、「評価が大切です」「評価しましょう」といわれても、実際、どのような方法をどんなタイミングで実施するのか知らなければできませんし、さまざまな評価の関係性がわからないと、その結果をどのように解釈したら良いのか迷ってしまいます。

　そこで本パートでは、IDにおいて評価の枠組みとして長らく活用されている、「カークパトリックの4段階評価モデル」について説明していきます。

「カークパトリックの4段階評価モデル」で評価

例えば、研修最後の振り返りパートで、講師が受講者に感想を求めたとき、「新しい学びが得られた」「気づきがあった」というリアクションがあったら、研修担当者としては「がんばって準備した甲斐があった」と正直ホッとすると思います。

だからといって、その研修を成功として、終わりにしてはいけません。受講者は満足していたかもしれませんが、そもそも研修の目的である「学習目標」は達成されたのかが重要です。

研修担当者としては、それを評価し検証することがもっとも重要な任務なのは、もはやいうまでもありません。

これは研修成果を可視化すると同時に、ここまでのプログラムの課題を浮き彫りにして、対象となるプログラムの改善など、今後の研修設計にも役立ちます。

そうした教育の効果測定に活用できるのが、伝統的な測定法「カークパトリックの4段階評価モデル」です。

教育効果の評価には4つのレベル「反応」「学習」「行動」「結果」があり、それぞれに適切な時期、手法をもって効果測定を行いますが、それぞれで見えてくる結果も変わります。

例えば、研修による受講者の反応や学習達成度という観点で考えた場合、研修直後にレベル1（反応）とレベル2（学習）に関する評価を実施します。

レベル3（行動）やレベル4（結果）は、さらにその先にある受講者自身の行動変容、会社の業績向上までを測ることができる画期的なモデルです。

図14●カークパトリックの4段階評価モデル

レベル	評価項目	データ収集ツール 手法例	評価する 時期目安
レベル4 結果	**教育は組織と組織の目標に どのような効果を もたらしたか？** ・教育研修が組織全体にもたらした価値を問う段階であり、レベル3が組織全体としてプラスになったか	・効果測定 　チェックリスト ・ROI指標 ・売上、シェアなどの 　ビジネス指標など	トレーニング 実施から6-9 か月後
レベル3 行動	**受講者はどのように 知識とスキルを 仕事に活かしたか？** ・研修の成果が職場での仕事に戻った時にいかされ、行動の変化として現れるかどうか	・フォローアップ調査 ・同行による観察調査 ・インタビュー 　(本人上長) ・上長アンケートなど	トレーニング 実施から数週 間後、もしく は3-6か月後
レベル2 学習	**どのような知識とスキルが 身についたか？** ・事前事後テストで測られる研修における学習成果	・事後テスト ・パフォーマンステスト ・ロールプレイ ・レポートなど	トレーニング 実施直後
レベル1 反応	**受講者は教育に対して どのような 反応を示したか？** ・受講者の研修に対する好感度満足度	・受講者アンケートなど	トレーニング 実施直後

　IDは履修主義ではなく習得主義。つまり、研修に参加すればOKではなく、できるまで学ばせ続けるという考え方を大切にしています。したがって、受講者全員が目標を達成したのかをしっかり評価して、そこで取りこぼしている人がいるのであれば、その人たちへのフォローアップを誰がどのように実施するのかまで、考えなくてはなりません。

　このモデルを実際にどのように活用していくか、「コーチングで活用できる質問スキル研修」を例に挙げて具体的に見ていきます。

レベル1：反応

　研修直後にアンケートを実施し、受講者の反応を確かめます。アンケートの狙いは、研修への感想や満足度を把握するだけでなく、内容の不明点をすばやくキャッチアップし、迅速にフォローすることも含んでいます。Googleフォームなどのアンケート機能を利用すると、スムーズに行えます。

〈アンケート設問例〉
□明日からのコーチングで、部下に気づかせるための質問リストを
　作成できましたか？（学習目標達成に対する自己評価）
□職場で活用するためのアクションプランは作成できましたか？
□この研修を同僚や後輩に勧めたいと思いますか？
□この研修の良かった点、改善点（もっと良くするためのアイデア）を書
　いてください。

　ただ、このアンケートでいくら受講者の反応が良くても、目標としていたスキルスキルが本当に身についたかどうかはわかりません。それを確認するのが、次のステップです。

レベル2：学習

　研修直後における「学習目標」の達成度を、ロールプレイやテストなどで測定します。

〈評価方法のアイデア例〉
□ある部下のペルソナに対する20個の質問リスト作成テスト
□部下育成コーチングのロールプレイ（実演）をルーブリックで評価する

　受講者側としては、テストによる達成度の確認に気乗りしないかもしれません。

　しかし、このレベル2において、ロールプレイやテストを実施し検証することは、受講者の達成度を確認すると同時に、研修設計自体の評価、効果検証をすることにもつながります。

　今後行うであろう次なる教育に向けて、問題点を洗い出し、プログラムを効果的に修正していくための、必要不可欠なプロセスなのです。

　さらに、テストを実施して、「達成できたこと」「できるようになったこと」を受講者にフィードバックすれば、それが自信につながり、今後の業務にも積極的に活かせるようになります。

　研修に参加すればOKという履修主義は、従来の人材育成において多く見られたスタイルですが、それは教育を提供する側都合の考え方です。

　受講者が主体の教育にするためには、学習目標への到達度であるレベル2（学習）を軸に、受講者の満足度を確認するレベル1（反応）を考慮し、研修の振り返りや次の施策を検討しなければなりません。

レベル3：行動

　研修から少し間をおいて、数週間〜半年後に行動としての定着を見ていきます。

〈**評価方法のアイデア例**〉
□研修1カ月後にオンラインのフォローアップセッションを組む
□部長に交渉して、月初のマネジャー会議で振り返りの時間をつくってもらう
□社内のチャットツールに投稿する（実際に現場で実行して、うまくいったこと・うまくいかないことを投稿）
□上長や受講者本人にインタビューを実施する
□受講者の職場に行って行動観察をする

　研修直後のレベル2（学習）をしっかりクリアできてこそのレベル3（行動）ですが、レベル3の確認があることをあらかじめ受講者に伝えておくと、職場に戻ってからも学習した内容を意識する効果が期待できるので、レベル3につなげる有効な手段となります。

レベル4：結果

　研修終了から半年〜9カ月後に、研修が組織にどのような成果をもたらしたかを評価します。
　具体的には売上、シェアなどが挙げられますが、マネジャーのコーチング研修などの場合は社員の離職率なども成果指標として考えられます。組織に対してどんな成果をもたらしたのかを金額に換算することによって、研修の投資効果としてのROIを出すことが可能となります。

　以上がカークパトリックの4段階評価モデルです。研修担当者と

して、その成果を明らかにすることは、少し勇気がいることかもしれません。

　しかし、ここをブラックボックスにしたまま、たくさんのリソースを使って施策を打ち続けているほうが、本当はもっと怖いことなはずです。

　4段階評価モデルのうち、とくにレベル2（学習）とレベル3（行動）が数値化されれば、研修の成果はもちろん、仮にうまくいってなかったとしても、具体的な問題点が明確になります。

　特にレベル3（行動）は研修担当者の力だけではどうにもならないことも多いのですが、レベル2とレベル3を検証したデータがあれば、部門を越えた組織のステークホルダーに現状の問題を相談して、フォローアップなどの対応策を検討するなど協力を得やすくなります。

成果への行動と研修を乖離させないルーブリック

　企業内教育の効果を最大限に高めて、ビジネスゴールに直結する成果を生み出すためには、教育評価における戦略的なアプローチが求められます。

　カークパトリックの4段階評価モデルは、この目的に対応するための枠組みとして活用できます。

　特にレベル2（学習）とレベル3（行動）の間にあるギャップを最小化することが、研修の成果を組織の成長に結びつける鍵となるのです。

　この実現には、ビジネスゴールを達成するために社員が職場で求められている行動の「質」を明確に定義し、それを研修の学習目標に

反映させることが不可欠です。

　そこで役に立つのが、「ルーブリック」です。

　HPIのパートでも紹介したように、パフォーマンス分析を通じて、ビジネスゴール達成のために社員に期待する行動の「質」をルーブリックで定義する。

　そして、これをレベル2（学習）とレベル3（行動）の評価指標として活用することで、研修の内容を職場の逆目を小さくし、教育評価の軸を整えることができます。

　加えて、レベル1（反応）のアンケートで受講者自身に学習目標の達成度を問う際にも、ルーブリックは有効に活用できます。

　講師の振る舞いや研修内容への満足度を問うだけのアンケートよりも、受講者自身が研修で学びとった内容を振り返ることができ、その到達度を自己評価するプロセスが組み込まれることで、受講者の研修に対する受け止め方にも、影響を与えることが期待できるからです。

　最終的に、研修プログラムの成功は、研修が終了した時点での知識やスキルの習得だけでなく、それが実際の業務における行動として現れ、組織の成長や目標達成にどのように寄与するかが肝になります。

　社員に求めるパフォーマンスの質を定義したルーブリックを活用することで、研修の各ステップにおける目標達成をしっかりと確認でき、研修の成果をビジネスゴールに結びつけるための強力なツールとなるのです。

Viktoria Kurpas / Shutterstock.com

事例に見る
「戦略的教育」理論＆実践法

Chapter 4

　IDの考え方や理論への理解が深まっても、実際に出口から組み立てたりパフォーマンスの評価基準を明文化したりするのは、容易ではありません。特にルーブリックをつくるにあたっては、定性的な項目が多いことから、どうしても曖昧で抽象度の高い言葉になってしまいがちです。そうならないよう、実際にどのような手順を踏んで進めれば良いのでしょうか。本章では、私たちのお客様の中で、IDの考え方を取り入れて"評価を中心"に研修プログラムを設計し、成果につながった3社の事例を紹介します。

① A社（医薬品メーカー）
→ データドリブンな現場マネジャー育成型
ポイント：全営業メンバーのスキル底上げを目指し、マネジャーのOJTを効果的に機能させるための全体設計を行った。

② B社（電機メーカー）
→ 未来の事業環境から逆算型
ポイント：事業環境の変化に役員が危機感を持ち、スター社員をモデルケースに全社員を段階的に育成した。

③ C社（医薬品メーカー）
→ 高市場担当者のハイパフォーマー短期育成型
ポイント：新規参入領域に対応できる営業メンバー・研修担当者が不在だったため、ブートキャンプ式でハイパフォーマーを短期間に育成した。

　IDの導入背景や狙いは三者三様であり、自社の教育に問題意識を持っている方の立場もさまざまです。上記のポイントを中心に、それぞれのケースを、「ID5つの視点」に沿って解説していきます。

Part 01

A社（医薬品メーカー）：
現場マネジャー育成型

▼

> 〈背景・狙い〉
> データドリブンなアプローチで現場主体の育成を展開したい。

　A社の研修担当者がリープへ相談にこられたきっかけは、「営業メンバーのパフォーマンスがブラックボックスになっているので、現状分析をしたい」というものです。

　色々とお話を伺っていると、現状把握を通じて「教育・研修の仕組みを変えたい」という課題意識を持っているものの、自分たちだけで現状分析を行うことに不安を感じておられました。

　なぜならば、現状を把握するためには営業メンバーのパフォーマンス評価が必要となりますが、それを内製で行うのはなかなか難しいからです。適切に評価するには、評価指標の設計を詳細に行う必要がありますし、客観性を保って評価できる評価者の選定も慎重に行わなければなりません。実際、そうしたことに難しさを感じる企業から、社員のパフォーマンス評価や現状分析についてのご相談が、私たちのもとに多く寄せられます。

　加えて、A社で行われていた従来の研修は、学術的な知識学習が中心となっており、商談スキルなどのアウトプット系の研修は、ほぼ実施されてきませんでした。研修部門に営業経験を持つメンバーが少ないことから、実務的なアウトプット研修を企画し、実施することに不安を抱いていたようです。また現場からは「営業経験のない人に、商談スキルを教えられても……」と、あまり良い反応をされ

ていなかったことも背景にありました。

　しかしながら、営業メンバーの商談スキルにはバラつきが生じて
しまっていたことから、従来の知識学習からアウトプット軸の教育
へのシフトを求められていたのです。

　さらに経営層からは、研修が社員の行動へどのようにつながって
いくか、成果の確認を求められ、いよいよベースラインをきっちり
把握する必要性に迫られたとのこと。

　そこで私たちに相談をいただき、データドリブンなアプローチで
人材育成を展開するため、IDを取り入れることになりました。

視点 **1**　出口：行動観察から「あるべき姿」を言語化

　現状把握のためには、社員に求めるパフォーマンスゴール（ある
べき姿）を明確にする必要があります。ところが、A社では営業メン
バーのパフォーマンスゴールが定まっていなかったのです。そこが
曖昧なため、パフォーマンス評価を内製できないのはもちろんのこ
と、アウトプット研修もやりようがない、という状況でした。

　まずは実際の商談を観察して「あるべき姿」の要素を抽出するこ
とにしましたが、A社数百人もの営業メンバーがいる規模の大きい
組織です。そのため、30名のサンプリング調査を行い、「あるべき
姿」を定義することにしました。

　具体的には、普段どんな商談をしているか、研修担当者や顧客に
協力してもらいながら商談のロールプレイを録画し、動画をリープ
で解析します。サンプル調査は、営業メンバーの業績と行動の質を
基準に、ハイパフォーマーからミドルパフォーマーをA社で抽出し
ました。しかし、動画を精査しても、理想的な商談ができている人
は見当たらなかったのです。

　そこで、私たちがこれまでパフォーマンス分析をしてきた営業職の蓄積データから、近しいビジネス環境におけるハイパフォーマーの行動を参考に、A社の営業戦略と照らし合わせ、あるべき姿としての具体的な「行動の質」を言語化し、ルーブリックを使ってパフォーマンスゴールを定義していきました。そうしてつくり上げたルーブリックの各項目において、レベルごとに点数化して、目指すべき合格基準を示しました。

　例えば、ある項目に関して、現状は多くの営業メンバーが3点だとしたら、5点になるような研修プログラムを構築し、実施するのです。ただ、ルーブリック上では「顧客にとって価値のある面談目的を提示し、この後の進め方を合意する」と示されていても、具体的にはどんな対話なのか、具体的な現場の文脈をイメージしにくいため、実際の顧客との対話場面を模したシナリオ事例を作成しました。5点の対話シナリオという形で例示するようにして、行動の「質」の部分を具体的な事例ですり合わせながら、パフォーマンスゴールを合意形成していきました。

　ルーブリックを活用してパフォーマンスゴールを合意ができれば、研修設計に向けて「ID5つの視点」の「出口（学習目標）」を設定します。A社の場合は、「患者さんの日常生活で起こりうる問題を相手に示唆できる」を学習目標としました。

視点 2　入口：全営業メンバーのスキルを底上げ

　前述の通り、A社の場合は対象事業部門の全営業メンバーに対して、研修を展開したいという希望がありました。特定メンバーに絞るのではなく、全員が共通言語としてスキル習得できることを目指

したのがA社の特徴です。

　その背景には経営層から、営業メンバーのパフォーマンスにバラつきがあると指摘されていたことがあります。

　そのためA社では、営業メンバーそれぞれのレベル別に行う課題別研修は別建てで検討しつつ、全営業メンバーのスキルを底上げすることを主眼に置きました。

　サンプル調査の結果から、A社に多く存在していると想定されるミドルパフォーマーは、設定した出口である「患者さんの日常生活で起こりうる問題を相手に示唆できる」に対して、「顧客の考えを丁寧に聞き取る」ところ止まりであることがわかりました。問題を掘り下げて、相手に気づかせるようなアプローチをするスキルは、大きく欠けている状況だったのです。

▌ 視点 **3** 学びの構造：論理力・仮説力・質問力の3要素

　パフォーマンスゴールを定義し、営業メンバーの現状を把握することができたら、次のステップです。

　A社が設定した「出口」と現状である「入口」の間にある、「学びの構造」を課題分析図によって整理します。その結果、論理力、仮説力、質問力という3つの要素を、学習目標からブレークダウンしました。

　これらは、学習目標である「患者さんの日常生活で起こりうる問題を相手に示唆できる」を達成するために必要となるスキルであり、営業メンバーが学習すべき内容となります。

　次に考えるべきは、この構造に沿って、どのような研修を設計すべきかということ。

　構造化した要素をロードマップとして、研修の全体設計（グランドデザイン）に落とし込んでいきます。

学習目標：患者さんの日常生活で起こりうる問題を相手に示唆
　　　　　　できる。
STEP 1　：論理力
STEP 2　：仮説力
STEP 3　：質問力

視点 4　学習方略：月次研修による土台づくり

　トレーニングの第一段階は、学びの構造で洗い出した「STEP1：論理力」です。商談に際して、顧客が納得しやすいロジックを組み立てることができるようになるための「論理力」トレーニングから始めます。

　「論理力」トレーニングは、相手に対して説得力のある提案をするためのフレームワークです。

　製品の話だけをすれば良いというマインドではなく、顧客と解決すべき困りごとについて合意し、自社製品と課題解決を紐づけて、論理的に話せるようになることを目指します。

　そのためには、顧客が気づいていないような問題のバリエーションを、仮説として多く持っていなければ、話題を展開できません。そこで、「STEP2：仮説力」トレーニングへとつながっていきます。

　その上で、自身で立てた仮説を検証しながら、商談相手である顧

客に「こんなことはありませんか？」と示唆していくためスキルを養うのが、「STEP3：質問力」トレーニングです。

　A社の場合、育成対象となるのは全営業メンバーです。
　そのため、現場のマネジャーがOJTによって部下を育成していくことが理想形ではあるのですが、マネジャーのOJTにすべてを託すことは、効率的ではありません。

　そこで私たちが講師となり、A社の中で人材を育成する側となる研修部門と全国のマネジャーそれぞれに、前述の3STEPでトレーニングを実施しました。
　トレーナーズトレーニングと呼ばれるもので、これによって、その先にいる営業メンバー全員へと3STEPを展開していく部分は、A社の研修部門とマネジャーが中心となって、内製で実施していける環境を整えたのです。

　具体的には、研修部門が月次研修で全営業メンバーに対して3STEPを展開し、マネジャーが営業所会議やOJTでフォローアップしていくように設計しました。こうした一連の研修プログラムは、半年強ほどかけて展開しました。

　実際、A社のニーズを紐解いていくと、特定の営業メンバーを育成することよりも、組織全体として商談スキルを共通言語化していきたいというニーズが強くありました。
　そのため、マネジャーによるOJTがもっとも効果的に機能しやすいようにすることを目的として、トレーナーズトレーニングを実施したというわけです。

視点 **5** 学習環境：データを使って現場OJTを促進

このように、半年強ほどの期間でトレーニングを進めていく中で、私たちが実際に関わったのはトレーナーズトレーニングまでですが、それとは別に、定期的なスキル評価もリープで実施しました。

A社の事例では、各ステップのトレーニングを終了するごとに、合計3回の評価を行っています。

研修プログラムの進行途中に評価を入れることで、できていることとできていないことを確かめられるようになります。

その上で、各自の改善ポイントをフィードバックすることによって、細かく軌道修正しながら、効率良く効果的に研修を進めていくことができるわけです。

A社の取り組みにおける特徴の1つは、マネジャーが指導する部分を徐々に増やしていった点だといえます。

具体的には、以下の点で関わってもらうようにしました。

- ・ マネジャー研修にて、営業メンバーへのコーチング方法を学ぶ
- ・ 月次研修のグループワークで、営業メンバーにフィードバックを実施する
- ・ 営業所会議の中で、マネジャーがワークショップを企画して実施する

こうして、マネジャーのOJTをもっとも効果的に機能させるための全体設計を整えたことにより、非常に良い成果を得ることができました。

┃ 成果：ハイパフォーマーが増加傾向に！

　研修プログラム進行中も、途中で細かく評価を実施したことはすでにお伝えしましたが、その過程で判明したのは、A社の中でハイパフォーマーが徐々に増えていったことです。

　加えて、当初の評価でA社の営業メンバーには、比較的パフォーマンスが高めの人もいるが、できていない人もいるという具合に、スコア分布にバラツキがありました。しかし、それが徐々に狭まっていくという変化も見られたのです。

　ルーブリックによって言語化した、目指すべき商談の姿は全部で15項目ありました。

　その中にある「相手が気づいていない示唆をする」という項目は、顧客との間で困りごとの合意形成をする上で肝となる、難易度の高いスキルですが、このスコアも緩やかに上昇しています。

　そして何より、半年強のトレーニング終了後、もっとも大きな変化だったといえるのは、A社の研修部門担当者が出口から研修プログラムを考えられるようになり、研修の実施理由を受講者にきちんと説明できるようになったことです。

　ビジネスゴールと紐づくパフォーマンスゴールは何か、その実現に向けて現状では何が足りないのか、ギャップを埋めるためにはどのような研修を行うべきか、ということを常に考えるようになり、これらをマネジャー含め、受講者へ必ず、明確に提示するようなったのです。

　従来、A社で行われていた知識学習中心の研修設計においても、現場で求められるアウトプットにつなげなければならないという意図はあったのかもしれません。

しかし今までは、そのつながりを受講者に説明することができていなかったので、現場の営業メンバーから良い反応を得られないなど、課題を抱えていたのです。そこから考えると、これはかなり大きな変化だといえます。

その結果、知識学習型の研修も、現場のアウトプットと紐づけて企画し、その意図を提示することで受講者も納得して実施できるようになったそうです。

加えて、マネジャーが営業メンバーのスキル育成に対して、積極的に関わってくれるようになったことも成果だといえます。

特にマネジャーの取り組みが積極的なエリアは、営業メンバーのスキルが大きく伸びました。

営業メンバーの行動に対する影響は、やはり研修よりも現場でのマネジャーによる後押しのほうが大きいので、研修を設計する上でマネジャーを巻き込んでおくことが奏功するのは、いうまでもありません。ただ、育成には、とても労力がかかるのも事実です。マネジャーもそれがわかっているので、はじめは参画することに消極的であることも少なくありません。

それでもマネジャーを研修へと巻き込んでいく際のポイントは、その研修によって部下のパフォーマンスがどのように向上していくのか、ルーブリック上でスキルが何点上がると、売上にどのくらい貢献するのかということを、研修部門ができるだけ具体的な数値でマネジャーに示すことです。

それができれば、マネジャーにとっても、その研修を行う理由や参画する意義が明確になります。A社では学習効果を示すデータをうまく活用して、マネジャーに対しても行動変容の必要性を訴求できたわけです。

　他にも、営業メンバーが顧客とこれまで以上に話せるようになったという行動変容や、今までは自分から製品の話をすることが中心だったが、顧客から製品に関するフィードバックをもらえるようになったなど、顧客の反応という「成果」にもつながっています。

　ちなみにカークパトリックは、人が行動変容をするには、以下の4つの条件が必要であるとしています。

---

1. 本人が、そもそも変化したいという願望を持っていること
2. 本人が、どうやったらそれを実現できるか知っていること
3. 研修で学んだ成果を職場で使うことを、上司が奨励・要求していること
4. 本人が変化することに、内的および外的報酬を含めたフィードバックがあること

※出典：カークパトリック、1998より著者が一部変形

　A社においては、これらが揃ったことで、行動変容から成果につながったのだといえるのです。

ポイント：データを駆使して、組織を動かす

　全営業メンバーのスキルを底上げすることを目標とした組織的な取り組みと、現場主体の育成が可能となったことが、A社における人材育成の仕組みの新たな標準を確立しました。このようにして、A社はデータを活用し、組織内の教育文化を変革して、持続的な成長を実現する道を開いたのです。

　A社が成果を得られたポイントをまとめると、以下のようになります。

- 研修内容とルーブリック項目・スコアの紐づけができていた
- 研修部門と受講者(営業メンバー)だけでなく、マネジャーを巻き込み、研修内容や進捗を共有して進行していた
- 科学的根拠(エビデンス)に基づいた学習の動機づけが、営業メンバーだけでなくマネジャーにもできていた
- データを用いて、学習効果の可視化をできていた

　研修部門の方々は営業経験のない人たちが大半だったために、外部評価データを科学的根拠として、自分たちの立ち位置を示しました。これこそが、成果を得られた大きな要因であることは間違いありません。裏を返せば、営業メンバーのパフォーマンスを示すデータがないままにトレーニングだけ展開したとしても、ここまでの行動変容があったかというと、難しかったのではないでしょうか。

　マネジャーが関与して部下を育成するということの必要性は、おそらくどの企業でも考えていると思います。一方で、マネジャーを「やる気」にさせるにはどうしたら良いか、頭を悩ませている企業も少なくないでしょう。今回の事例から、それを解決する方法の1つが、データによる成果の可視化だといえるわけです。

　実際には、以下のように活用すると良いと思います。

- まず現状のパフォーマンスデータを示す
- 「ここまでパフォーマンスを引き上げたら、業績にこんなインパクトがある」というデータを示す
- 他社や業界などのデータを示す

　ここでの大きなポイントは、自社のデータだけでなく、同業他社のデータを示す点です。その意味で、リープが長年蓄積してきた業

界平均などのデータが、非常に有効だったといえます。それらと自社データを比較することで、自分たちもやらなくてはならないという意識を持つ企業も少なくありません。

また、以下の2点もA社の特徴だったといえます。

> ・ 研修部門が教育を主導するのではなく、現場主体の設計をした
> ・ マネジャーが現場で指導しやすくするための足場をつくった

特に今回は一部の営業メンバーだけでなく、「全営業メンバーを底上げすること」が目的でした。そうなると研修部門としても、自分たちだけでできることには限界があります。

それがわかっていたため、どうすれば現場のマネジャーが主体的に推進してくれるか、研修設計当初から考えていました。これも成功の秘訣といえます。

実は、さらにうれしいフィードバックもいただきました。

3STEPトレーニングを一通り終了したあとは、パフォーマンス評価を実施します。ただ、これを本社側は推進したいと考える一方で、現場のマネジャーにとっては面倒なため、嫌がられることが一般的には多いのです。

ところがA社では、マネジャー側からパフォーマンス評価をやったほうが良い、このまま終わらせてはいけないという声が上がってきたそうです。

データという明確な根拠に基づいて研修を設計すると、逆にそれがない状態では不安になる。そんなことにも、気づかせてくれた事例でした。

Part 02

B社（電機メーカー）：
未来の事業環境から逆算型

▼

> 〈背景・狙い〉
> VUCA時代の事業環境変化に、対応できる人材を創出したい

　B社の事例は、リープが出展していたイベントで役員の方が当社の事業に関心を持ってくださり、自社にIDを取り入れる必要性を感じたと相談にこられました。

　しかし、お話を伺った段階では、現場は営業力に課題を感じていない状況だったのです。ただ、経営層はより未来の社会環境を捉え、中長期的な視点で顧客ニーズやビジネスモデルが変化していくことを予測しており、さらに事業拡大・変革を見据えて人材育成が急務であるという課題意識を持っていました。

　B社は日本のトップメーカーであることから、日々寄せられる顧客からの問い合わせに対応して既存サービスを拡大していく、いわゆるBtoBの反響営業スタイルでした。

　その一方で中長期事業計画では新規事業を拡大させる方針があり、顧客の顕在化している課題にただ応えていく従来の形ではなく、潜在課題に自社のソリューションを提案する、コンサルティング型の営業スタイルにシフトすることを意思決定していました。

　ただ、コンサルティング型の営業活動に、必要なスキルを持っている人材が足りないことに頭を抱えていたのです。そのため人材育成が急務となったわけですが、人事部門管轄の研修はあるものの、現場の実務スキルを育成する仕組みは整っておらず、どこから手をつけたら良いのかわからないという状況でした。

当時、経営層から見て、求めるスキルを持つハイパフォーマーは組織内に数名だけで、そこに仕事が集中するという状態でした。それではビジネスゴールの達成は見込めません。そのハイパフォーマーと同等、あるいは一歩手前レベルの人材を早期に複数名を育成し、かつ計画的に育成し続ける仕組みが必要です。

そのためには、ハイパフォーマーがやってることを構造的に分解し、可視化しなくてはならない。そして、中長期計画に基づいたパフォーマンスゴールを定めたいということが、B社のニーズでした。

そこで、まずはB社の中でスターレベルに近いと思われる営業メンバーを選出し、商談の場面や具体的な顧客への営業活動を調査。その商談スキルから思考プロセスまでを、私たちで解析していきました。この過程では、ハイパフォーマーの優れている部分や商談のあるべき姿を、データを用いて表現していきます。

B社の経営層の考えとリープの分析結果が合致しているかどうか重要であり、この分析がパフォーマンスゴールを定める際の肝となります。その後の組織展開を考えて、分析結果は図表だけではなく、B社の社員になじむ言葉と表現を用いました。

また、分析活動はハイパフォーマーのリエンジニアリングに近い活動となることから、どうしたらスーパースターを増やすことができるかというHow（学習方法）に活かすこともできます。そのため、このプロジェクトではIDを活用した育成方法まで、リープから提案することになりました。

▍視点 **1** 出口：問題解決型コンサルティング営業へ

B社のプロジェクトの全体像は、事業目標を達成するために必要なパフォーマンスレベルの言語化、それを備えた営業メンバーと技術メンバーの人数を算出し、不足分を育成する仕組みづくりとなり

ます。B社の場合、すでにパフォーマンスゴールやあるべき姿が定義されていましたが、抽象度の高い言葉が使われているなど、改善の余地がありました。そこで、パフォーマンスゴールを「問題解決型コンサルティング営業ができる」と仮定し、それが実践されている営業活動や商談場面を分析。具体的な行動を構造ごとに言語化して、商談スキル用のルーブリックを作成しました。これによってレベル分けができ、ルーブリックの項目ごとに学習目標を示せるようになったのです。

　このときに活用した考え方が、ガニェの5つの学習成果(85ページ)における「知的技能」です。受講者が何を学ぶべきかがわかるよう、ハイパフォーマーの行動を「知的技能」に注目して言語化したことがポイントです。

　さらに、ビジネスゴール達成に向けてクリアすべき「仕事の難易度」と、それを「実現できるパフォーマンスレベル」を検討し、事業戦略と人材育成戦略をルーブリックという評価指標を通して紐づけ、教育研修まで連動させることができるようにしています。

　B社の商談では、営業メンバーと技術メンバーがペアで参加し、お互いの役割を考えてサポート・連携しながら、顧客との商談を進めます。顧客の関心を営業メンバーが確認し、そこに自分たちのサービスやソリューションのスコープ、実績などを提示。さらに顧客の真の課題を引き出すべく、技術メンバーとともに顧客とより深いディスカッションを行うという流れがあるわけです。こうした具体的な文脈に沿ったあるべき姿が、出口として明らかになりました。

視点2　入口：組織のスキルレベルや構成比を可視化

　入口は、現場の営業・技術メンバーのスキルレベルの実態把握から始まります。ここではルーブリックをもとに、商談スキルを評価

　しました。実際の商談を観察すると、「あるべき姿」とした商談の流れは、ハイパフォーマー以外は誰も行っておらず、期待されるレベルには到底届いていないことが明白になりました。

　営業メンバーは最初と最後に少し話すだけで、中身は技術メンバーに丸投げ状態。途中のサポートもままならず、合いの手もありません。一方の技術メンバーは、ひたすら自社製品の話をして終了、ということが、実際の現場で起きていました。

　経験豊富なベテランであるほど、経験や感覚に頼って商談を進めてしまいがちです。商談の進め方や役割分担が不明確で、既存サービスを提案することに頼って決まった内容の商談を惰性で行うため、現場での商談準備がおざなりになってしまうのです。

　この評価を通じてスキルレベルを明らかにし、ハイパフォーマーやミドルパフォーマーそれぞれがどれだけいるかを把握することで、組織のパフォーマンスレベルの構成比が可視化されます。

　もちろん、あるべき姿と現状とのギャップや課題点も、ルーブリックによって明らかになります。その評価データに基づき、商談スキルのレベルや課題に応じて営業メンバーと技術メンバーをグルーピングし、それぞれに合わせた教育研修の介入策を検討しました。B社では「エントリー」「ベーシック」「アドバンス」という3段階の研修プログラムを設計し、全員を一度に教育するのではなく、対象者を絞って継続的に研修を実施することで、徐々にハイパフォーマーのスキルレベルに近づけていく戦略をとりました。

　このグルーピングは、実務の現場で顧客や案件に合わせて営業メンバーと技術メンバーの最適な組み合わせを考える際にも役立ちます。スキルレベルの高いメンバーと経験の浅いメンバーでペアを組むなど、教育研修を待たずに日々の業務で成果を創出するための最適な対応が可能となりました。こうした社員のスキルレベル評価と現状の把握は、事業戦略を実行する上で非常に重要な要素です。

視点 3　学びの構造：3つのコースによる段階的育成

　社員のスキルレベルを3段階に分類し、それぞれに合わせた研修プログラムを設計することで、個々のレベルに応じた内容を学び、それを修了したら次の段階へ進むようになります。

　例えば、基本的なスキルも身についていない若手社員は、まずエントリーレベルのプログラムを受講します。ここでルーブリックに基づく合格基準をクリアすると、次のベーシックレベルへと進むことができます。つまり、一緒に参加しているメンバーが、同じタイミングで次のレベルまで進んでいくわけではありません。

　ここで重要なのは、単にプログラムを履修するのではなく、実際にスキルを習得する「習得主義」とすることです。各レベルでの学習内容やパフォーマンステストの難易度は、参加者のレベルに応じて設定されます。スキルの評価を受け、期待されるレベルに達していることが、次のプログラムへ進むための条件となります。このように各プログラムは明確な出入口のレベルを持っているため、段階的な学習課題に基づいた指導が可能となります。

　エントリーレベルは商談の基本的な流れや、顧客の関心ごとをヒアリングし、適切な情報を提供するスキルを学ぶもの。すでに高いスキルを持つ受講者には、簡単すぎるかもしれません。そのため、全員が同じ内容を学ぶと、モチベーションが低下し、つまらないものになってしまいます。ビジネスパーソンにとって時間は貴重ですから、研修が無駄に終わることは避けなければなりません。

　この方法では、スキルレベルに合わせた学習課題の特定が可能となり、それぞれのニーズに応じた効率的かつ魅力的な学習内容を提供することができます。また、ハイパフォーマーを育成するためにはどの学習内容をどの順序で提供するのか、学びの構造に沿って事前に計画することが重要です。

視点 **4**　学習方略：組織一丸で取り組むロールプレイ

B社のトレーニングは、以下の2つの要素に焦点を当てています。

- ・ 実際の顧客を想定したロールプレイ
- ・ 上司や先輩社員との振り返り

このアプローチは、全コースで一貫しています。当初、B社はロールプレイやフィードバックの適切な方法がわからないという状態でした。これは、これまで教育手法としてロールプレイを活用した経験が少なかったことに起因します。問題解決型のコンサルティング営業を目指すにあたり、決まったシナリオの練習やプレゼンテーション練習では、顧客ニーズに柔軟に対応する「知的技能」を習得できません。リアルな顧客を想定したロールプレイは、実際の緊張感を持って行われます。また、B社の営業では、営業メンバーと技術メンバーの協働がパフォーマンス向上の鍵となります。そのため、この研修は両者が一緒に参加することに、大きな意味があるのです。

B社の課題はエントリーレベルのメンバーが営業メンバーと技術メンバーの役割分担をできていない点、自社製品の話に偏りがちな点がありました。これらを克服するため、ロールプレイは現場の実情に即した設定が必要です。また、商談の流れやスキル発揮のタイミングを構造的に理解すべく、5つのプロセスに沿って指導します。

1. 顧客との関係構築をするパート
2. 顧客と商談目的を共有するパート
3. 顧客ニーズに合わせて情報提供を行うパート
4. 潜在的な課題探索と提案のパート
5. 次のステップの約束を取り付けるパート

受講者はこのプロセスを理解するために、商談のGood事例の動画を視聴し、5つのプロセスはどんな場面を指すのか、各プロセスはどんな意図を持つのか、プロセス間にはどのような関係性があって、成果創出にどんな効果を持つのかなどを捉えます。

営業メンバーと技術メンバーがペアでロールプレイを実施するにあたっては、具体的な顧客情報や課題、顧客の関心ごと、期待されるリクエスト、営業メンバーと技術メンバーの役割分担・協力方法など、事前に細かく準備を行います。ロールプレイ後は商談スキル・ルーブリックに沿って上司や先輩とチェックや振り返りを行う「経験学習」に基づいた設計です。

この学習プログラムでは、商談スキルだけでなく、「"商談スキルの学び方"を学ぶ」ことが目標です。そのため、研修プログラムの最後にロールプレイを通じたスキルチェックの結果だけでなく、効果的な学習が行えたかどうかを参加者全員で振り返り、学習成果を確認して終了します。

▋ 視点 **5** **学習環境：指導者も学ぶ組織の構築**

振り返りセッションをより効果的にするために、指導者として参加する上司や先輩、そして組織全体の指導能力向上が不可欠です。そのため、指導者に該当する上司や先輩はエントリーからベーシックコースまでを自ら体験し、その内容を把握します。その後、指導・コーチングスキル習得の研修を受け、ルーブリックを活用した指導方法を学び、それらを活かして指導者として実際に活動します。このプロセスは指導者にとっても重要な学びの機会であり、日常業務における指導やコーチングにも役立ちます。カークパトリックの4段階評価モデルに基づくと、組織の成長を実現するためには職場での行動変容が肝要です。これは日常業務においても学習環境を整備

し、学びを促進する取り組みが必要であることを意味します。企業教育の目的は、学んだ内容を実業務に適用し、組織全体のパフォーマンス向上に寄与することにあります。学習の成果は研修後の評価だけでなく、実際の商談などの業務においてスキルを発揮し、指導者からの評価を受けることによっても確認されます。つまり、指導者がスキルレベルを評価し、メンバーの指導とコーチングを行うことで組織全体の生産性向上を目指すわけです。個々の学習評価はルーブリックによって行われますが、これは研修内だけでなく、実業務への適用や実践の場でも行われます。この評価を基に、学習プロセスを進めていくことが、組織における学習の推進につながります。

　B社では、学習システムが効果的に機能しているかどうかを定期的に検証し、必要に応じて改善策を講じています。これには、職場が肯定的な学習環境を提供しているかどうかを判断するためのアンケート調査が含まれます。この調査では、学習環境の最適化状況を30の指標で評価します。これにより、上司や先輩による育成が効果的に機能しているか、必要に応じた研修部門のサポート体制が整っているかなど、組織全体での学習体制の有効性が検証されます。

　この取り組みでB社は組織全体として肯定的な学習環境を構築し、継続的な学習と成長を促進しています。職場での振り返りやフィードバックが習慣化され、社員間の関係性の質も向上していることから、社内のコミュニケーションが活性化し、全員が学び合い、互いに成長を支え合う文化が醸成されつつあります。

成果：職場の学習環境も個人レベルも改善

　このような研修プログラムを実施した結果、商談スキル・ルーブリックに基づく評価でハイパフォーマーと判断される人材が増え、

結果として全体の商談スキルが大きく向上したことが明らかになりました。スキルの向上だけでなく、受注確度も向上していることが確認されています。

　また、日常業務における振り返りが習慣化されることで、フィードバック文化が根づき、社内の関係性の質も改善されたそうです。肯定的な学習環境を測るアンケートでは、多くの項目で組織が学習に積極的であるとの評価が増加し、職場の学習環境が顕著に改善されたことが示されました。

　B社における最大の成果は、業績への顕著な影響です。IDを取り入れた研修プログラムの導入後、最初の年には受注金額が約30％増加し、その後も年平均約20％の成長を持続しています。

　継続的に人材を成長させることができる組織となり、ビジネスゴールの達成に向けた大きなインパクトを生み出すことができました。

ポイント：経営層の学びに対するコミットメント

　B社の成功において、経営層の深いコミットメントが大きな役割を果たしていることは一目瞭然です。これにより、ビジネスゴールと研修の学習目標が常に連動することとなり、経営層からのメッセージとして社内へ強力に発信されました。人材育成は、多くの企業が年初の方針で強調するほど、経営において欠かせない項目です。この事例は、経営視点を持つ人々の関与がいかに重要かを示しています。

　B社で多忙な日常を送る現場の社員たちは、製品中心の商談で即座に受注を達成できる現状に甘んじることがあり、全員が未来を見据えたスキルアップを目指すというマインドセットに移行するのは

容易ではありません。この状況をどう継続的に改善していくかが、B社にとっての課題です。

　B社のユニークなアプローチは、人事部門とは別に実務教育を担う担当者を配置し、仕組みの内製化を図った点にあります。しかし、全営業の人材育成を1人で担うことは不可能なため、現場のマネジャーが教育の主体となり、自立した教育体制を構築することが必要です。人材育成を成功させるためには、研修担当者だけではなく、企業内教育が事業成功のためにあるという認識のもと、事業部門が人材育成の主体となることが望ましいといえます。B社では、教育の主体を現場の上司や先輩に位置づけることで、今後も持続的な成果が期待されます。

　経営層がコミットして人材育成を以下のような流れで展開したため、何のための研修なのか、多くの社員にとっても非常に納得感がありました。

- ・新規ビジネスに参入し、5年後に売上●兆円を目指す
- ・そのためには、ハイパフォーマーレベルの商談ができる人材が●人必要となる
- ・内訳として、A部門では●人、B部門では●人、社員を育てなければならない
- ・第一歩であるエントリーが●月●日にあるので、マネジャー層は誰を受講させるか考えておいてほしい

　この流れで説明されれば、人材育成が必要な背景が明確であり、ストーリーとして現場も腹落ちしやすいわけです。

　B社では、このようなアプローチにより、ルーブリックなどの客観的な評価指標を用いた科学的根拠に基づく教育が、効果的に進められています。

C社（医薬品メーカー）：
ハイパフォーマー短期育成型

▼

> **〈背景・狙い〉**
> 「パフォーマンス評価」を導入し、人材育成を仕組み化したい

　C社の研修担当者はID導入に取り組んでいたものの、肝心の「パフォーマンス評価」の仕組みは導入できていませんでした。なぜならば、「パフォーマンス評価」を取り入れることで現場の負担が増えたり、現場にとって不都合なことを明らかにされたりしたくないというネガティブな反応によって、組織にハレーションが起きるのではないかと慎重になっていたからです。

　リープには研修担当者から評価の導入について定期的に相談がありましたが、そのような背景から、なかなか導入には至っていませんでした。

　風向きが変わったきっかけは、これまで低価格帯製品を販売してきたC社で、高価格帯製品の取り扱いが決まったことにあります。低価格帯製品のプロモーション戦略では、製品メッセージをたくさん伝えることを重要視しており、ここについてC社にはこれまで積み上げてきた実績と自負がありました。

　ところが、新規参入が決まった高価格帯製品のプロモーションにおいては、個別の症例に対して深く掘り下げ、顧客と対話する高度な知識とスキルを求められるのです。従来の商談とは異なるスキルセットが必要となり、このまま新規参入しても、失敗してしまうのではないかという心配が出てきました。

こうなると営業メンバーも商談スタイルを変えていかなければならないのですが、現状でそれをできる人はいない上に、教えられる人もいません。その事実に、マーケティング部門の製品戦略担当者も課題意識を持っていました。

そのことに気づいた研修担当者は、今こそ営業メンバーに「パフォーマンス評価」を導入すべきだと考え、再びリープへ相談にこられたというわけです。そしてついに、C社におけるパフォーマンス評価を活用した営業メンバーの育成プログラムがスタートしました。

事業部門側が前向きなのであれば、やらない選択肢はありません。なぜなら、先の事例でも説明したように、育成の主体は事業部門側にあるべきだからです。研修部門が一生懸命に旗を振っても、事業部門が乗り気でなければ人材育成は成功しません。

視点 **1** 出口：新規事業領域のハイパフォーマー育成

このケースにおける「出口」は、「新規参入が決まった高価格帯製品のプロモーション戦略を実行できる」ことです。この出口を具体化するためにマーケティング部門とディスカッションを重ね、プロモーション戦略が求めるパフォーマンスゴール（あるべき姿）の言語化と行いました。その際に参考にしたのは、リープがこれまでのパフォーマンス分析で経験してきた、高価格帯製品を取り扱っているハイパフォーマーの特徴です。それらをC社のプロモーション戦略と突き合わせ、営業メンバーに求める行動の「質」をルーブリックの評価観点ごとの目標スコアとして設定していきました。

プロモーション戦略の実行レベルにはさまざまな段階がありますが、今回の新製品は失敗できない鍵となる製品であることと、全社

に高価格帯製品の商談ノウハウを展開することも目的としていることから、業界トップレベルのスキルを獲得することを「出口」として設定しました。

視点2 入口：高市場担当者からの選抜メンバー

C社は新規事業領域のハイパフォーマー育成という「出口」に対して「入口」を絞るにあたり、2つの条件を設定しました。

1つ目は新製品の高市場施設を担当していることです。その理由は、育成というリソースを投資する以上、その成果を最大限期待したいというマーケティング部門の意向でした。担当エリアによっては高市場の得意先を担当していない営業メンバーもいたため、本プログラムの受講対象は高市場担当者から選定することとしました。

2つ目はC社においてスキルレベルが上位層であることと、このような取り組みに意欲が高いメンバーであることです。本プログラムは限られた期間のトレーニングで業界トップレベルのスキル獲得を目標としていることから、前提スキルの基準を高めに設定することになりました。

この2つの条件のもと、現場マネジメント層の推薦により、受講者を決定しました。C社としては育成のリソースを投資するにあたり、社内に向けたブランディングの観点から、本社も含めて慎重にメンバーを選定しました。

2期生、3期生へとプログラムを継続していくことを見据えて、特に初代メンバーとなる受講者には絶対に成果を出してもらう。そして、未参加のメンバーから「あの人が参加したプログラムなら、私もいつか参加してみたい！」と思ってもらえるような20名を選んだのです。

　このようなときの選抜メンバーの決め方は、組織によってさまざまあります。直近の営業成績だけを見て客観的に決めることもできますし、そうした数値も判断材料の1つとしながら、他の要素も加味して考えることもできます。

「重要顧客の担当者だから」という理由もありますし、「この人には組織の中核メンバーになってほしい」「若手を積極的に育成したい」など、組織の目的に応じて選抜方法は異なるわけです。

　人の印象は主観的なものも多いからこそ、社員のパフォーマンスを示す、より客観的なデータがあると、取りこぼしが少なくなります。仮に500人の営業メンバーがいた場合、全員のスキルが可視化されていれば、どこの誰をどのように引き上げていくことが組織全体にとってインパクトが大きいか、ということも検討しやすくなります。

　定性的な印象になりがちな行動の「質」の評価を数値化することにより、印象だけで人を決めつけてしまうことの回避にもつながります。実は私たちが外部評価を行うと、概ね社内での印象と近しい結果になる一方で、周囲からの評価と実際のスキルにギャップがある人も少なからず出てくるのです。

　もちろん、社内の評価が高いということは、何かしらの魅力を持っている人材なはずですから、スキルや数値化されたデータも1つの要素としながら、多角的な視点で判断することが大切です。

　ただ、これはパフォーマンス評価を一切考慮せず、日頃の印象だけで決めてしまうことのリスクも表しているといえます。なんとなくの定性的な印象になってしまいがちな行動評価の部分を、定量的に可視化することが、組織の全体を客観的に捉えて人材育成の戦略を練るときには、とても重要になります。

視点 3　学びの構造：課題形成力・提案力・問題提起力

　製品メッセージをたくさん伝える方法で商談をしてきた対象者（入口）を、個別の症例に対して深く掘り下げ、業界トップレベルで顧客と対話できる（出口）ようにするために、以下の3つの要素と順番を構造化し、ロードマップを描きました。

---

1. 課題形成力
2. 提案力
3. 問題提起力

　これら3つの要素はルーブリックの項目とも紐づいており、その関係性を表しているともいえます。詳しい内容は次の「学習方略」で紹介しますが、C社のケースでは商談の文字起こしを使い、この構造を受講者自身で紐解きながら学ぶプログラムを設計しました。

視点 4　学習方略：4カ月間のブートキャンプ方式

　業界トップクラスのハイパフォーマー育成に向けたロードマップを短期間で実現するために、C社の事例では月1回のペースで4カ月間のトレーニングを実施する、短期育成のブートキャンプ形式のトレーニングを設計しました。

　その内容は、ロールプレイを録画して動画を提出する事前テストから始まり、自分の商談の文字起こしを使った分析ワークを実施して、ロールプレイ実践に対するルーブリックを使った評価とフィードバックをするというもの。

　そして、これを3サイクル繰り返すプログラムです。

C社の学習課題は「ガニェの5つの学習成果」（85ページ）でいうところの「知的技能」なので、応用力を鍛える必要があります。

また、「ID第一原理」（91ページ）に基づき、商談のGoodケースとあるあるケースを使って問題を提示しながら、事例ベースでつまずきやすいポイント（1.課題形成力、2.提案力、3.問題提起力）を学んでいきます。

モデルケースを使ったワークの後は、自分の商談の文字起こしを分析して、改善ポイントを振り返ります。

そして、商談事例の文字起こしを使ったワークで学んだことをロールプレイで実践するという流れは、3サイクルともに共通ですが、各回の学習内容は毎回異なる（1.課題形成力、2.提案力、3.問題提起力）ので、商談事例やロールプレイの設定場面も毎回変わります。

受講者は都度、フィールドトレーナーからフィードバックをもらい、ルーブリックのスコアで自身のスキル習得の進捗を確認しながらプログラムを進めていきます。

これはまさに、TOTEモデル（96ページ）を体現しているプログラムなのです。

このように、トレーニングを1回実施しただけで教育を完了とするのではなく、事例を変えながら3回反復することで、より効果的な内容となったわけです。

視点 **5**　学習環境：フィールドトレーナーのサポート

C社では各エリアにいる研修部門のメンバーが、「フィールドトレーナー」としてトレーニングを支援しているのが特徴です。

また、新製品の営業推進メンバーも各エリアにいるので、その人

たちにも以下のようなサポートをしてもらっています。

- ・ MRにトレーニングを展開する
- ・ ロールプレイの相手になって、フィードバックをしてもらう
- ・ スコアが伸び悩んだ営業メンバーに補講をする

　C社のケースでは、マネジャーの介入はあまり想定していません。学習内容がC社のマネジャーにとって、まったく新しい内容であることと、プログラムの内容がブートキャンプ形式であるため、マネジャーへの負荷が大きいことが、その理由です。

　もちろん、マネジャーの関与が現場定着の鍵となることは他の事例と同様なので、プログラムが定着してきたら、どこかのタイミングでマネジャーを巻き込んだ体制に変化させていくことを想定しています。

成果：顧客評価と新規受注件数アップ

　研修プログラムの実施前後だけでなく、ロールプレイを行うたびに毎回、評価とフィードバックを実施することで、スピード感を持って効率的にスキル習得を実現することができました。

　さらにプログラムの修了式から3か月後にフォローアップ調査を行い、行動への定着を確認するとともに、営業メンバーに意識づけをすることも欠かせません。

　プログラム自体のブランディングにも力を入れたことで、受講者がモチベーション高く取り組めたこと、自信や誇りにつながったことの効果も大きく、業務への活用もスムーズに行われたそうです。

　また、トレーニングをサポートしているフィールドトレーナーに

ついても、受講者へ出口を明確に提示する、評価をフィードバック
して振り返りを行う、といったコーチングスキルが身についたよう
です。これはハイパフォーマーを育成できるトレーナーとして大き
く成長できたということであり、今後、C社の人材育成において重
要な役割を担っていくことと思います。

　各エリアにこうしたメンバーが揃っていることは、今後、スキ
ル研修を横展開する上で役立つことに間違いありません。さらに、
フィールドトレーナーがハイパフォーマーを育成できるようになっ
たことによって、現場の商談が以下のように変化したそうです。

・ 顧客との対話において、質問による深掘りができるように
　 なった
・ 具体的な患者を主語にして、話せるようになった
・ 患者に対してC社が与えられる具体的なベネフィットについ
　 て、自社データを示して説明できるようになった

　現場での行動の変化は、組織のゴールにもインパクトを与えまし
た。ブートキャンプを開始してから9カ月後、新製品のKPIとして
追っている新規処方数において、カークパトリックのレベル4（結果）
を検証したところ、本プログラムを修了したメンバーの平均は、未
受講メンバー平均の1.3倍だったのです。

　さらに、本プログラムで4期生が修了する頃、C社が定期的にとっ
ている外部調査で、C社の営業メンバーの情報提供活動に対する顧
客評価が、競合を抜いて1位になりました。この報告は、本プログラ
ムに関わるメンバー全員にとって、とてもうれしいニュースとなり
ました。

ポイント：少数精鋭のハイパフォーマー部隊育成

　C社で大きな成果を上げることができたのは、受講者を選抜したことに起因していると思います。広く薄くではなく、対象者を絞って深くテコ入れしていく。そこに社内リソースを集中させて、育成に全力を注いだことが、一番の成功のポイントです。

　また、評価とフィードバックが連続して行われていることも、迅速にスキルを上げることができた要因であり、IDならではの効果だったといえます。

　モデルケースを参照して学ぶだけの方法は、たくさんの受講者を研修に参加させることができますが、個人に対するパフォーマンス評価結果のフィードバック部分が薄くなりがちです。対してC社は、受講者人数を絞ったからこそ、そこに手厚く、深いフィードバックを実施することができました。

　組織をすばやく成長させるには、パフォーマンス評価とフィードバックの連続がもっとも効率的だということが、この事例からわかります。

　出口に到達したかを常に振り返って、そこまでのフィードバックをこまめに受けることで、自身の現在地を把握し、軌道修正することができるのです。

　もちろん、そのためには到達すべき出口が明確に示されていることが大前提です。

　これらをしっかり実現できていたこと、そして、パフォーマンス評価とフィードバックによるTOTEモデルを実直に回していたことこそ、C社の人材育成における要諦であり、多くの企業が参考になる部分ではないでしょうか。

3社の事例を振り返って

　ここまで、3社の事例を紹介してきました。どれも成功した事例ですが、それぞれのパフォーマンス評価の導入方法が異なるのは、組織ニーズの違いにほかなりません。

　それぞれの企業が置かれている事業環境によって、誰をいつまでにどこまで育成しなければいけないのか、マネジャーや研修部門のリソースや体制、予算などによっても全体設計の描き方は変わってくるのです。

　A社とC社は同じ製薬業界なので、トレーニングの内容自体は一部共通する部分もありましたが、育成に取り組む目的が異なるので、組織への展開方法はまったく異なります。この部分は組織ニーズに合わせてデザインする、インストラクショナルデザイナーとしての醍醐味です。

　3社の事例で共通していることは、「評価」をプログラムの中心に据えて、とても効果的に活用していることです。

　営業メンバーのスキルアップに向けた介入策の一部として、社内のステークホルダーとの目線合わせのため、データを使って組織を動かすため……。評価は最後にとっておくものではなく、研修プログラム動かしていく中で常に真ん中にあるもの。

　Chapter3までのパートでも、理論と合わせて"評価中心"の研修設計についてお伝えしてきましたが、この3社の事例でより具体的なイメージがわいたのではないでしょうか。

　組織への取り入れ方はさまざまですので、自社の事業戦略や組織体制に合わせて、戦略的に研修設計を考えることが肝要なのです。

「評価」の使いどころで、企業内教育は変わる

Chapter 5

インストラクショナルデザインは企業における人材育成にも、少しずつ取り入れられてきていますが、普及浸透はまだこれからです。
IDがより理解され、多くの人にうまく活用されるには何が必要なのでしょうか。日本におけるIDの第一人者、鈴木克明氏と本書著者の荒木恵が、日本の企業内教育における課題を見つめ、IDの有効性や導入の意義などについて幅広く語り合いました。

「eラーニング」の失敗と、IDの認知拡大

荒木　鈴木先生は、日本におけるIDのパイオニアとしてご活躍され
ています。米国生まれのIDが、どのような背景で日本において注目
されるようになったのか、その変遷をまずは伺えますか。

鈴木　IDは第二次世界大戦中の米国で生まれました。米国軍の兵士
や科学技術者の効果的・効率的な訓練方法として考案され、その教
育技法が企業においても活用されるようになったといわれています。
　日本では2000年頃、デジタル化の流れとともに企業内教育を中心
にeラーニングの導入が進み、そのときにIDが注目を集めました。e
ラーニングでこれまでの教育問題を解決できると思っていたところ、
思ったよりもうまくいかなかったことが理由です。「あまりやる気
が起きない」「作業になってしまい、学んでいる気がしない」という
感想を持つ受講者が多く、eラーニングによる教育は期待外れの結
果に終わってしまった。脱落者続出となったときに、研修や教育を
もっとちゃんと設計しなくてはならないと、IDの理論が取り上げら
れるようになったという経緯があります。

荒木　現在、日本でIDはどのくらい市民権を得ているでしょうか。

鈴木　あまり広がっているとはいえないでしょうね。欧米では、企
業が教育・研修を行う際、当然のようにIDが取り入れられることが
多く、IDの専門家であるインストラクショナルデザイナーは、職種
としても定着しています。日本ではeラーニングの失敗を機に注目
され始めたものの、認知はそこまで進みませんでした。

荒木　それはなぜでしょうか。

鈴木 第一に、そもそも「ID」という非常に合理的かつ効率的なシステムがあることを知っている人がほとんどいません。私が勤務していた熊本大学では、2006年からIDの授業を始めましたが、それ以降も広がりを実感していない。

第二に日本では長年、「教育の専門家」を育てなくても、K・K・D（経験・勘・度胸）により企業内教育が回っていたという事実があります。最近、私はK・K・Dの「D」を、前例踏襲で変わろうとしない「惰性」だと考えるようになりました。現状うまくいっているのだから、今まで通りで十分だ、あえて変える必要はないという意識は、わが国で多く見られると思います。

第三に、欧米型のシステマティックな教育よりも、人を育てることに温かみを求める国民性が影響していること。

そして第四は、欧米諸国との雇用形態の違いです。

荒木 確かに海外や外資系企業では、ジョブ型雇用を取り入れ、業務に紐づけた採用をしています。人材育成においても、何をできるようにしたいか、そのために何を学ぶべきかが明確です。

対して従来型の日本企業は、いまだメンバーシップ型雇用や新卒一括採用が中心で、採用後の研修を行いながら、本人の志望や適性を見て配属先を決める。そのため、人材育成のゴールが不明確な場合が多い。加えて日本では、「教育の専門家」と「内容の専門家」の区別がついていませんね。

鈴木 日本は取り残されてしまっているといっても過言ではありません。諸外国における教育学部というのは、学校の教員だけではなく、人材育成の専門家を世に送り出す学部として存在しています。

日本で人材育成の専門家を養成していないのは、K・K・Dでうまくいきすぎていたため、その必要性を認識することもなかったから

でしょう。また、「ものをつくれば売れる時代」であったために、人材育成についてそこまで真剣に考えなくても事業がうまく回っていたともいえます。

　これほど人的資本経営が叫ばれる今でさえ、研修や教育を福利厚生の1つと捉えている企業もあるほどです。教育を提供する側も、"儲けにつながる人材育成"という視点にはなっていない。

日本でIDが普及しないのはなぜか？

荒木　そうした中で、日本でもやっとIDの必要性が考えられるようになってきたのはなぜでしょうか。

鈴木　日本の労働市場が、ダイナミックに変わってきているからでしょう。「人的資本経営」というキーワードが多用されるようになったのも、企業がそもそも人材を獲得できないため、既存の人をいかに育て、定着させるかが鍵となってきたからです。

　また、今までのように新卒一括採用で終身雇用ではなく、転職することが当たり前の時代にもなりました。そうなると、仕事や職種に応じて何ができるようになるべきかを考えていかないと、組織はまわっていきません。属人的なオペレーションや熱のこもった指導よりも、エビデンスに基づく指導や教育が必要になるわけです。

荒木　IDを知った多くの人は感銘を受けますが、「取り入れたい」となるケースもあれば、「概念的すぎて、ビジネスの現場には取り入れにくい」と感じる方もいます。導入が難しいと感じてしまう、もっとも大きな原因は何だと思われますか。

鈴木　IDを取り入れたらこれだけの差が出たという、ビフォーア

フターの比較で説得力のある説明ができていないからでしょう。メリットを社内のステークホルダーに説明できていないため、なかなか受け入れられない、浸透しないということです。

そもそもIDは、教育の困りごとを解消するためのノウハウで、「困っている」という認識がない人には、関心を持ってもらえません。横並びの姿勢が強い日本企業は、他社がやり出したら自社でも取り組むかもしれませんが、成果につながるという説得性がない限り、自ら進んで新しいことはしようとはしません。

荒木　確かに、IDを導入して人材育成の仕組みを変えるのは、パワーとコストがかかります。一方、IDを活用しようという企業では、将来を見据えて、今からチェンジマネジメントすべきだという危機感を持っているケースが多いです。ただ、経営層がそう思っていても、現場は「売上などの目標を達成さえしていれば良い」となり、なかなか行動につながらないというお悩みも少なくありません。

鈴木　現場には、人材育成の仕組みを変える必要性が腹落ちするように語る、例えばパフォーマンスをデータ化して、変えたことによるメリットを視覚的に感じてもらう必要があるでしょうね。

経営層の文脈で人材育成を説明できる視座を持つ

荒木　データで価値を可視化するのは、インパクトがあると実感しています。リープの強みである「パフォーマンスのデータ化」は、IDを知らない方々にも人材育成のメリットやビジネスゴールとのつながりを示すことにも役立っています。

鈴木　経営層も数字には敏感ですから、"データに裏付けされた成

果"を提示することはマストです。「何人研修を受けた」「満足度が高かった」では響きません。少なくとも、教育を行ったことで社員に行動変容が起きて、その結果、顧客満足度が上がって売上の増大につながった、とストーリーを語れることが大切です。

　あるいは未来にフォーカスして、今後の変化に対応していくためには何が必要で、乗り遅れるとどの程度の機会損失があるかといった経営層に響く言葉で、研修部門が自分たちの存在意義を語れることがポイントだと思います。トップが気になることにつながっているストーリーを、一気通貫で語れることが、IDの浸透に向けた1つの解決策かもしれません。

荒木　人材育成担当者はIDのことだけでなく、BSC（Balance Score Card）など経営戦略の観点も踏まえ、経営層が見ている世界をしっかりと把握しておくように、視座を高めることが必要ですね。

▌日本で戦略人事が難航する理由

鈴木　一方で、今盛んに"戦略人事"が注目されています。人事が経営にどう貢献できるかということで、その大切さは以前から語られてきました。しかし、それができる人は実際どのくらいいるかというと、ほぼいないでしょう。社内で専門家が育っておらず、外部のリソースに頼って根付かせようとするケースもあります。本来は内製できることが理想ですが、そうはいかないのが実態のようです。

　きっかけは外部の力を借りるとしても、いずれは社内で完結しなくてはなりません。そこまで計画した戦略を立てて、実行に移し結果を出そうとなると、短期では到底できないでしょう。

　その部分は、経営層も覚悟を持って、精力的に取り組むことが必要です。

荒木　私たちもコンサルティングの依頼を受けたら、最初は相手の企業に深く入り込みますが、自走を目指して徐々に関わりを減らしていくようにしています。ただ、せっかく人材育成ができる人が育っても、ジョブローテーションで担当者が変わってしまい、また元にもどってしまうようなケースもあり、継続させることが難しい側面もあるのです。

鈴木　せっかく教えた人が、異動してしまった経験は私にもあります。ジョブローテーションは最大の敵であり、問題でしょう。やはりそれも、人材育成が専門分野であると認識されていないことの表れです。米国では人材育成部門が企業の花形で、トップにもっとも期待されているポジション。考えなしにジョブローテーションをしている限り、必要な専門的ノウハウは蓄積されません。

　取締役会でCLO（Chief Learning Officer：最高人材・組織開発責任者）やCHRO（Chief Human Resource Officer：最高人事責任者）を置くという話が出た時期もありましたが、結局はそれを支える専門家集団が不在で定着しませんでした。近年、また戦略人事ブームが起きていますが、今回も定着せずにしぼんでしまうのではないかと気を揉んでいます。言葉だけの戦略人事には、なってほしくありませんから。

なぜ、「評価」は嫌われてしまうのか

荒木　リープのコンサルティングは「評価（パフォーマンス分析）」からスタートするのですが、一部のクライアントでは、調査前のセットアップ段階で進まなくなってしまうこともあります。調査に対する現場の抵抗を抑えきれない、本社のある部門が協力したがらない、研修のようなソリューションならまだしも、調査や分析にコストをかけることが納得いかないなど、原因はさまざまです。

鈴木　なぜそうなるかというと、テスト、データ、評価にまつわる、これまでの良くないイメージがあるからでしょう。テストを賢く使うという、リテラシーがない。その典型例が学校教育における試験です。100点満点で80点をとれれば、「まあいいや」で終わり。本来、テストの結果は次なる学習計画を立てるために活用されるべきですが、良いか悪いかという判断基準としてしか使われていない。

　また、データというのは一度とっただけでは意味がありません。TOTEモデルにあるように、事前テストをして、できないところを可視化して、そこをできるように処方箋を考えて、またやってみてと、できるまで重ねていくものですが、そうした発想も乏しいわけです。

　日本は石橋を叩いて渡るような意識が強く、入念に準備をしてから物事に取りかかる傾向がありますが、結果、生産性が低くなります。多少準備不足でも、まずやってみて、現状のレベルがわかったら、修正するなり補うなりすれば良いのです。

良いフィードバックを受けてこなかったことの弊害

荒木　評価が嫌われるもう1つの原因は、育成を担う上司や先輩から効果的なフィードバックを受けた経験のある人が少ないことだと思います。されたことがないから、育成する側に回ったとき、評価結果のフィードバック方法がわからないのかもしれません。

鈴木　評価は最後にやっても意味がなく、中間に行ってフィードバックをするからこそ、次のアクションにつながるものです。

　教育においては、最初の計画を立てる段階で評価とフィードバックの機会を入れ込むことが大切。効果的なアクションプランのためには、評価は最後ではなく、最初と途中でもやるべきです。

荒木 フィードバックが苦手なうえに、評価を効果的に活用するイメージがないのですね。リープの「パフォーマンスをデータで可視化する」というサービスは、近年、データを好む外資系企業だけでなく幅広い企業からのニーズがありますが、その先にある現場へのフィードバックが見えてくると、躊躇してしまうケースもあります。

鈴木 データ化の意味を、しっかり認識できていないのですね。数値で可視化するのは、伸びしろを測るためにやるものです。フィードバックの基本である、プラスをまず伝えてからデルタ（改善したいこと）を伝える"プラスデルタ"の考え方で、「ここはできている」「ここはまだ伸びる」「いつまでにこうする」と計画を立てて、継続的に行っていければ良いと思います。

荒木 最近は私たちもお客さまに、社員の改善点は課題ではなく「成長機会」と伝えています。ただ、褒めることしかできない、何が課題かわからないコーチングをしているケースも少なくありません。本来は目標とのギャップを捉えて課題をどう解決していくかをフィードバックし、上司と部下が合意形成の場となるべきです。

鈴木 上司が伝えなくても、本人から自分の課題は何だと思っているかを聞き出すことは大切です。それが上司の意見と合致しなければ、なぜそう思うかを聞いていけば良いと思います。

自らゴール設定してエンジンを回す主体性が必要

荒木 自身で深掘りさせる、考えさせるということですね。そもそもクライアント（企業）と接する中で、「あるべき姿」を言語化できていないケースは多いと感じます。

鈴木 「学習目標は何か」「いつまでに何をやるのか」という計画が
ない中での評価やフィードバックは、まったく意味がありません。
ゴールが明確であれば頑張れますし、達成感を得ることもできるの
で、どんどん自分で成長していきます。

　それができないのは、なぜこれをやるのかを納得していないから
でしょう。そういう意味でも、「あるべき姿」の言語化は必須です。

荒木 言語化されていたとしても、その他のやるべき業務が多すぎ
て、こなしにかかってしまうことも問題だと感じます。追われてし
まい、いわれたからとりあえずやるといった具合です。

鈴木 きっかけはそうなってしまうかもしれませんが、一度立ち止
まって振り返るということを循環させないと、成果は出ません。

荒木 そのような組織になるには、どうしたら良いのでしょうか。

鈴木 振り返りの機会を定期的に設けるなどして、日常の仕組みに
組み込むことです。より良い未来のためにOECDで考案されたラー
ニング・コンパス (学びの羅針盤) の中では、「AARサイクル」という
学習プロセスを獲得することを提唱しています。受講者が状況を見
通し (Anticipation)、必要な行動を起こし、(Action)、振り返り (Reflection)、
継続して自分の考えを改善していく力を養うサイクルです。これは
社会人にも当てはまります。

　職場で、主体的に自分でゴールを設定し、自分のエンジンで回し
続けていく。「上司がいったからやりました」では、通用しない時代
になっているということです。

大人の学びは自分の「課題」と結びつく実用性重視

荒木 自分で課題設定ができていれば自ら学べると思うのですが、人から強いられると、こなすだけになってしまいます。学びは、目的と結びついていることが鍵だということは間違いありません。

鈴木 本来、学びは楽しいものです。そして、大人の学びは仕事のためとか、生活のためとか、実用的でなければなりません。意味のない学びをやらされ続けると、やがて敬遠されるようになります。

　自学でわからないことがあったら、まず研修で学ぶ。その学びを現場で試し、再度わからないことがあったら再び研修を行う。このように現場と研修を往復するのが理想です。

　また、育成する側は教育の全体図を示して、それぞれの受講者がやっている部分の位置や関係性を示せば、あとどのくらい学べば何ができるようになるかという見通しが持てるようになります。俯瞰して見ることで、次にどうすれば良いかわかるようになるので、育成する側はそうしたことを意識すると良いのではないでしょうか。

荒木 VUCA時代といわれる今、企業はビジネスモデルも組織も変革が迫られています。今こそ、IDに目を向ける契機になるのではないかと期待しているのですが、先生はどうお考えですか。

鈴木 「どんな人材を育成するか」ということは、時代とともにどんどん変わっていくものです。ChatGPTの登場などで仕事の内容も方法も変わっていき、これまで通りだともたないのは自明でしょう。自社のコア・コンピタンスは何か、そのためにどういう人材が必要なのかを見直す時期にきています。何を起点に変革するかといえば、人材育成に取り組まざるを得ません。学校教育の現場も変わりつつ

あります。2020年度からの新学習指導要領で、文部科学省はようや
く、何ができるようになるのかという観点を打ち出しました。学校
教育での学びが、より良い方向に変わることを期待しています。

荒木　私たちに寄せられる相談の性質も変わってきました。2〜3年
前はトレーニングの効果検証をしてほしいという、カークパトリッ
クの4段階評価モデルにおけるレベル2の内容が多く、その上でレベ
ル3として定着したかを見たいということでしたが、最近は組織変
革のための問い合わせが増えています。企業も正解が見出せない中
で、現場マネジャーが自走できるようにしたい。その1つの要素とし
て、データによる可視化ニーズが高まっているようです。

鈴木　それは良い傾向ですね。だからこそ、IDを取り入れる企業と
そうでない企業の間に差がでてくるでしょうね。

荒木　まさに、おっしゃる通りだと思います。では、鈴木先生、最後
に読者に向けてあらためてメッセージをお願いします。

鈴木　「教育を科学的に捉えてきた分野がある」ということを、まず
は知っていただきたい。IDには企業内で使える手法がたくさんあり、
それらは思考整理に役立ち、解決策を導き出す補助線となりうるフ
レームワークです。SWOT分析など、ビジネスのフレームワーク同
様、どう使うかは企業次第。効率的・効果的・魅力的な教育を行う
必要があるのはどの業界でも同じですし、企業規模も関係ありませ
ん。ただ、単に事例をまねすればうまくいくというものではないの
で、自分たちの狙いに合わせて応用力を駆使して使ってもらいたい。
力強く一歩を踏み出すためのフレームワークとして、ぜひ活用して
いただければと思います。

おわりに

　成果から逆算する"評価中心"の研修設計──まだ日本では認知度の低いインストラクショナルデザイン（ID）について、どう話を展開していけば、読者の方にIDを「自分たちに必要なもの」として捉えていただけるか。本書の企画に際しては、その点について、弊社スタッフとも何度も何度も議論を繰り返しました。

　本書では、現場で起こりがちな"あるある"事例をまじえながら、IDとその上位概念であるHPIについて解説することを心がけてきましたが、ポイントは伝わりましたでしょうか。

　私がIDに出会った際、もっとも衝撃を受けたのは「評価」の位置づけでした。それまで評価はなんとなく「最後」に考えるものと捉えていましたが、IDではまったく異なるアプローチが採られています。評価を設計の最初に据え、研修プログラム全体を通じて継続的に評価を行い、必要に応じて改善を加えていくというこの方法に、私は深い感銘を受けました。

　研修を実施する段階でも、研修の「前」に評価をする。この発見は、評価を単なる効果測定の手段ではなく、教育のソリューションそのものとしての価値があるという考え方に、私は大きなパラダイムシフトを経験したことが、リープ株式会社を創業し、企業内教育に関わる皆様にインストラクショナルデザインを通じてサポートするきっかけとなりました。

　企業内教育でIDを活用するためには、もっと広範囲で社員のパフォーマンス改善を捉えるHPI（Human Performance Improvement）の視点を持ち続けることが肝要ですが、研修設計を一生懸命考えるほど、HPIの視点を忘れがちになってしまいます。

当初、この2つをどのように連携するか悩みましたが、パフォーマンスゴールを具体的に設定し、それを評価するための「ルーブリック」が、HPIとIDを有機的に結びつける役割を果たしてくれています。このアプローチにより、教育の成果を可視化し、具体的な改善点を明確にすることができるようになります。

　ID第一原理にもあるように「能書きを語るより、事例で示せ！」を自らも体現すべく、私がこれまでの経験から学んだ知見や実践例を中心に共有しています。読者の皆様には、評価を研修設計の中心として捉え、評価をソリューションとして効果的に活用する方法を理解して、是非「評価」のパラダイムシフトを経験していただきたいと願っています。

　本書の対談パートにも登場していただいた恩師、鈴木克明先生には特別な感謝を表します。これまで鈴木先生から学んだ多くのことが、本書を通じて多くの読者と共有できることを光栄に思います。

　昨今の社会情勢の変化に伴って、人材育成に携わる方にとっては、どのように組織開発を行っていけば良いのかということは、ますます頭を悩ませるテーマとなっています。

　本書で紹介した事例はほんの一部分ですが、弊社ではこれまで約25社と関わってきました。その中で蓄積してきたパフォーマンス評価・分析のノウハウは、新しい時代の組織開発や人材育成のヒントになると思いますので、ご関心のある方はお気軽にご相談いただければと思います。IDを活用することで課題解決に近づくことができる組織が増えれば、これほどうれしいことはありません。

　最後までお読みいただき、ありがとうございました。

2024年4月

荒木 恵

成果から逆算する"評価中心"の研修設計

インストラクショナルデザイン

2024年4月15日　第1刷発行

著者	荒木 恵
発行者	鈴木勝彦
発行所	株式会社プレジデント社
	〒102-8641
	東京都千代田区平河町2-16-1
	平河町森タワー13階
	https://www.president.co.jp/
	https://presidentstore.jp/
	電話 編集 03-3237-3733
	販売 03-3237-3731
販売	桂木栄一、髙橋 徹、川井田美景、
	森田 巌、末吉秀樹、大井重儀
装丁	鈴木美里
組版	清水絵理子
校正	株式会社ヴェリタ
構成	江頭紀子
撮影	神出 暁
編集	川又 航

印刷・製本　大日本印刷株式会社